El libro del bo

para principiantas y expertas
más de 100 tipos de puntos
y 389 ilustraciones didácticas

COLECCIÓN
ARTES, OFICIOS Y PROFESIONES

Lucia Tanfani

EL LIBRO
DEL BORDADO

para principiantas y expertas
más de 100 tipos de puntos
y 389 ilustraciones didácticas

EDITORIAL DE VECCHI, S. A.

 Coats Cucirini

Se agradece a Coats Cucirini - Design Studio por los materiales y la documentación técnica facilitada para la realización de esta obra

Proyecto gráfico de la cubierta: Estudio G. M. di Marazzi G.

Fotografías de la cubierta y del interior de Angelo Bertotti

Diseño de Lucia Tanfani

Editorial De Vecchi, S. A.
Balmes, 247. 08006 BARCELONA
Depósito legal: B. 32.073-1994
ISBN: 84-315-1324-1

Introducción

Existen pruebas fehacientes que indican que desde épocas muy antiguas (en las que la realidad histórica continúa confundiéndose con los mitos y leyendas) se adornaban los diferentes tejidos y hasta el cuero con aguja e hilo de lana, seda, lino, algodón, oro y plata.

La Biblia hace frecuentes referencias a velos y cortinas bordadas y al uso frecuente del bordado en el pueblo hebreo para la decoración de objetos sagrados. Homero habla de hábiles bordadoras que Paris trajo de Sidón y de Tiro. Las tumbas egipcias han conservado en su interior algunos ejemplares de velos trabajados con aguja y sábanas con siglas bordadas con hilo marrón grueso.

Los frigios, tras haber introducido tejidos bordados en Grecia, hicieron de ellos (tal como testimonia Plinio) un vasto comercio en Roma.

La hipótesis que afirma que el origen de este arte se sitúa en China, la milenaria civilización oriental, es de aceptación general. De hecho se sabe que en China se bordaban motivos en las vestimentas de los dignatarios de la corte que representaban el sol, la luna, la montaña, el dragón... El bordado chino, en algunos aspectos bastante primitivo, alcanzó en lo que a los colores se refiere, efectos pictóricos de extraordinaria armonía.

El arte del bordado conservó durante mucho tiempo el signo de su origen, incluso cuando se manifestó, más tarde, la influencia del arte clásico. Durante la Edad Media, al intensificarse el comercio con Oriente, dio lugar a una progresiva difusión del bordado en toda Europa. En torno al año 1000, nació en Palermo de la mano de los árabes un laboratorio de telas y bordados, del que salieron mantos reales y ornamentos sagrados muy apreciados por los pontífices y príncipes de toda Europa. Al mismo tiempo, en Inglaterra, junto con la orfebrería y los trabajos en miniatura, el bordado eclesiástico experimentó un gran desarrollo. Este tipo de bordado conquistó posiciones de absoluta prominencia entre los siglos XIII y XIV. En esa época, en Francia, el bordado también adquiría un gran renombre por la exquisita gracia y la elegancia de los adornos que se colocaban en los detalles decorativos de hierro de los portales, así como las sugerentes composiciones escénicas de temas caballerescos que recordaban el arte de la vidriería. Lo mismo sucedía en Flandes, donde los bordados, a menudo inspirados en el arte pictórico de los hermanos Van Eyck, pudieron competir con los de origen italiano por la delicadeza en la ejecución y su estilo señorial.

Las influencias de los intercambios entre Oriente y Occidente continuaron en dicho período adquiriendo dimensiones cada vez mayores. En ese momento, al igual que sucede en otras expresiones artísticas, se tiende a imitar los puntos y dibujos de las obras orientales. El auge del bordado italiano durará todo el siglo XV. Algunos fragmentos del tapiz de San Juan, conservado en el Museo de la Ópera de la Catedral de Florencia y cuyos dibujos fueron realizados por Pollaiolo, son un testimonio auténtico y valioso del arte supremo en el que el bordado supo convertirse.

A principios del siglo XVI, apareció por primera vez y por obra exclusiva de manos femeninas, el bordado de hilos contados, realizado blanco sobre blanco, para adornar los linos de las iglesias, de las viviendas y de los vestidos. Los dibujos, extremadamente sobrios, así como los finos adornos, conservarán durante todo el siglo XVII la huella de origen oriental. El bordado será muy importante durante todo el siglo XVII, gracias al interés que manifestaron los artistas de esta época por esta forma del arte. Sin embargo, Francia recuperará la supremacía en el siglo XVIII y se extenderá hasta el Imperio napoleónico, imponiendo al gusto del momento el uso de puntos y dibujos en la decoración del vestuario femenino y, sobre todo, del masculino.

Después de un período general de decadencia y olvido, el bordado surge de nuevo, en las formas y en las aplicaciones más prácticas y modestas, en virtud de la actitud de conservar y transmitir, de generación en generación, algunas actividades tradicionales, característica por excelencia de la sociedad campesina.

A mediados del siglo XIX, y procedentes del entorno rural vuelven a difundirse en las ciudades los secretos de aquellos puntos ya abandonados por la moda y a recuperar el valor artístico que tuvieron antaño.

El arte del bordado y su ejercicio formarán parte incluso en las clases de mayor nivel económico de los requisitos necesarios para una perfecta educación femenina. La progresiva aparición de numerosas escuelas, la vuelta al estudio de técnicas antiguas, y, no lo olvidemos, la vigencia del bordado de tradición popular para vestidos y adornos de la vida rural, permitirán conservar en vida esta actividad como una de las más típicas de nuestro país.

Utensilios y materiales

Tejidos

Antes de empezar cualquier trabajo de bordado hay que estar familiarizado con los distintos tipos de tejidos que pueden encontrarse en los comercios. El éxito de un trabajo de bordado dependerá mucho del tipo de tela escogido para su realización. Por ejemplo, unas sábanas bordadas a mano deberían durar mucho más que unas sábanas normales, por el tiempo y la paciencia que se habrá dedicado a realizarlas. Ello dependerá no sólo de una esmerada elección de los hilos y de la perfecta elaboración de los puntos de bordado, sino también, y en gran medida, de la calidad del tejido.

El tejido está compuesto por hilos tejidos en sentido horizontal y vertical. Si los hilos se disponen de forma paralela y en sentido longitudinal reciben el nombre de *urdimbre*, mientras que la *trama* son los hilos dispuestos en sentido horizontal y paralelos entre sí. Los márgenes del tejido se llaman *orillo*.

El esqueleto de un tejido puede subdividirse en dos categorías: simple y complejo. Los tejidos de esqueleto simple están compuestos por una única urdimbre y por una sola serie de tramas, lo que confiere a este tipo de tejido un aspecto muy liso y regular, adecuado para cualquier tipo de punto de bordado incluido el llamado *de hilos contados*. En cambio, los tejidos compuestos están formados por varios entramados de tramas y urdimbres. Basta citar entre este tipo de tejido el piqué, el brocado, el terciopelo y hasta la espuma para demostrar cuántas variedades de efectos puede ofrecer este tipo de tejido.

Para guiarle en la elección del tejido, a continuación indicaremos qué tela es la más adecuada para realizar cada pieza:
• Telas para cubiertas de cama: tela de lino de buena consistencia, piqué trabajado y tejido flameado de algodón o seda.
• Telas para sábanas: tela de lino de consistencia más ligera y preferiblemente de color blanco, tela de lino mixto y tela de algodón.
• Telas para toallas: tela de lino de consistencia media y rizo de lino.

Para otras prendas de vestir también se puede utilizar el cruzadillo de lino (o esterilla), la batista de algodón, el piqué milrayas, el *tricot* y la tela adamascada.

Para el bordado de tapices, como veremos más adelante, el tejido por excelencia será el cañamazo, sobre el que es conveniente hacer algunas indicaciones. Los más usados son el cañamazo de hilo simple, el cañamazo de hilo doble y el cañamazo entramado, el cañamazo para tapices y el cañamazo tipo Smirne. El cañamazo de hilo simple es muy adecuado para labores pequeñas, el doble se usará para confeccionar prendas con punto de cruz, mientras que el cañamazo Smirne y el cañamazo para tapices son muy adecuados para realizar grandes tapices y alfombras.

Tela de lino

Cruzadillo de lino

Organdí

Tricot

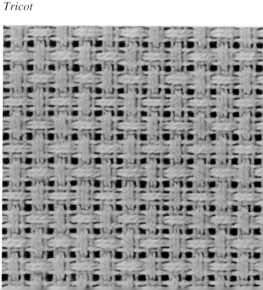

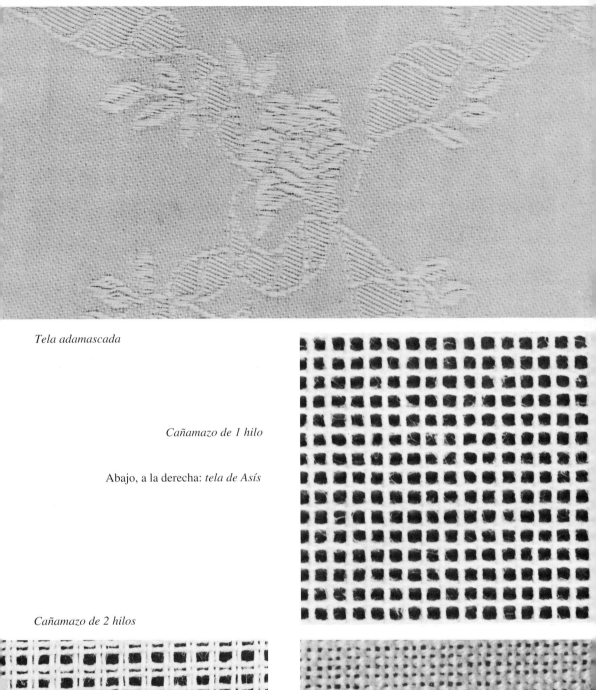

Tela adamascada

Cañamazo de 1 hilo

Abajo, a la derecha: *tela de Asís*

Cañamazo de 2 hilos

Hilos

La elección del hilo es una operación importante para obtener resultados satisfactorios y está estrechamente relacionada y condicionada por el tejido usado. Será muy importante adquirir todo el hilo necesario de una sola vez para evitar que la diferencia de tintadas pueda verse una vez terminado el bordado.

Los hilos más usados en el bordado son los de algodón, seda o lana.

El Muliné Anchor es un hilo de algodón 100 % mercerizado que se caracteriza por su gran brillo y su gran versatilidad de utilización. Está compuesto por seis hilos que pueden separarse con facilidad y usarse por separado o en grupos de dos, tres o más, en función del tejido y del tipo de bordado que se desea realizar. La amplia gama de colores tiene garantizada su solidez frente a la acción de la luz, del lavado a 95 °C y del cloro. Se presenta en pequeñas madejas de 8 m y en cajas de 12 madejas. El Perlé Anchor es un hilo de bordado de algodón 100 % mercerizado caracterizado por una especial torsión que le confiere un efecto de relieve muy decorativo. Disponible en una amplia gama de colores en ovillos de 10 g en los n.ᵒˢ 5 y 8, y en ovillos de 5 g en el n.º 12. Se presentan en cajas de 10 ovillos. El Coton-à-broder Anchor es un hilo de cuatro cabos (no divisibles), de algodón 100 % mercerizado, caracterizado por una particular torsión que le confiere un óptimo aspecto brillante. Tradicionalmente se

Muliné de 6 hilos

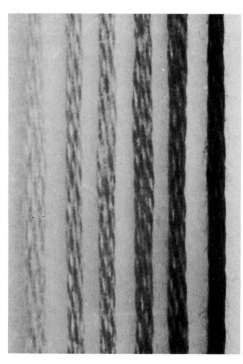

Hilo de bordar Perlé n.º 5

usa para el punto de recorte, para la vainica y para el bordado festoneado. Existe en diversos grosores (8, 12, 16, 20, 25 y 30), pero el más utilizado es el grueso 25. Las madejas están enrolladas de tal forma que pueden abrirse y cortarse con facilidad para obtener hebras de longitud óptima de 45 cm. La solidez de los colores está garantizada a la exposición a la luz, al lavado a 95 °C y al cloro. El Coton-à-broder Anchor se presenta en madejas de 30 m, en cajas de 12 madejas. El algodón Suave Anchor de algodón 100 % de cinco cabos (no divisibles) poco retorcido, se caracteriza por una extremada esponjosidad y por un acabado mate. Se utiliza para bordar en cañamazo y tejidos gruesos. Gracias a su aspecto lanoso es muy adecuado para el bordado en gé-

Hilo de bordar Perlé n.º 8

Algodón de bordar Suave

Lana de tapiz

neros de punto. El algodón Suave Anchor está disponible en una amplia gama de colores, y su solidez frente a la acción de la luz, al cloro y al lavado a 95 °C está garantizada.

Su formato comercial es en madejas de 10 m en cajas de 12 madejas.

La seda de bordado Anchor es un nuevo tipo de hilo para bordado de pura y finísima seda, caracterizado por una extremada brillantez y suavidad, compuesto por seis hilos divisibles. Se presenta en madejas de 8 m, en cajas de 12 madejas. Dispone de

TEJIDOS	HILOS DE BORDADO ANCHOR
Lino ligero, tela batista, organdí, seda pura o tejido sintético ligero	Algodón Muliné Algodón Perlé n.º 8 Coton-à-broder n.º 25-30 Seda para bordar
Lino de peso medio, rayón y raso	Algodón Muliné Algodón Perlé n.º 8 Coton-à-broder n.º 16-20 Seda para bordar
Tejido de lino pesado, tejido para lencería	Algodón Muliné Algodón Perlé n.º 5
Tejido de lino de trama uniforme	Algodón Muliné Algodón Perlé n.º 12 Coton-à-broder n.º 25-30 Seda de Bordado
Lino de medio peso de trama uniforme, cañamazo de grosor medio	Algodón Muliné Algodón Perlé n.º 8 Lana de bordado Coton-à-broder n.º 16-20
Lino de trama gruesa y uniforme, cañamazo grueso	Algodón Muliné Algodón Perlé n.º 5 Algodón Suave Lana de bordado
Cañamazo con cuadros de grosor medio	Algodón Muliné Algodón Perlé n.º 5 Algodón Suave Lana de bordado
Cañamazo con cuadro grueso	Algodón Muliné Algodón Suave Lana de bordado
Lino grueso y tejido para lencería	Algodón Suave Lana de bordado

una amplia gama de colores y es ideal para el bordado en seda o tejidos finos. Entre los hilos de lana se encuentran: la lana Anchor, hilo antipolilla, retorcido y adecuado para el bordado de tapices, disponible en madejas de 14 m y en una vasta gama de colores; el hilo perlé compuesto por tres hilos de dos cabezas retorcidos con posibilidad de ser separados (se puede bordar con uno o más de ellos); y por último, la lana de tapicería, un hilo muy grueso, de cuatro a seis cabos y ligeramente retorcido.

GROSOR	AGUJAS MILWARD
1, 2 o 3 hilos	Embroidery (con punta fina) n.º 9 – Coton-à-broder n.º 25 n.º 8 – 1-2 hilos Muliné o seda de bordado Coton-à-broder n.º 30
2, 3 o 4 hilos	n.º 7 – 3 hilos Muliné o seda de bordado Coton-à-broder n.º 25 n.º 6 – 4 hilos Muliné o seda de bordado Algodón Perlé n.º 8
6 hilos	n.º 5 – 6 hilos Muliné o seda de bordado Algodón Perlé n.º 5
1-6 hilos	Agujas con punta redondeada: n.º 24 – 1, 2, 3 y 4 hilos Muliné o seda de bordado Bordado a Mano n.º 25 Algodón Perlé n.º 8
3-4 o 6 hilos	n.º 20 – 6 hilos Muliné o seda de bordado Algodón Perle n.º 25 n.º 18 – 9 hilos Muliné Algodón Suave Lana de bordado
4 o 6 hilos	
3-4 o 6 hilos	Agujas con punta redondeada: n.º 20 – 6 hilos Muliné o seda de bordado Algodón Perlé n.º 5 n.º 18 – 9 hilos Muliné Algodón Suave Lana de bordado
6 o 9 hilos	
	Chenille agujas con punta: n.º 18 – Algodón Suave Lana de bordado

Agujas

La elección de la aguja es fundamental para la perfecta realización de los bordados. En este libro se indican en cada ficha la aguja, el hilo y el tejido correctos para la realización de un determinado bordado. Los hilos usados son de la marca Anchor y las agujas de la Milward.

Bastidores

Otro útil muy importante y aconsejado para realizar bordados a mano es el bastidor. En el comercio puede encontrar varios tipos, de distintas medidas y diferentes materiales.

Los más comunes son los de forma circular, fabricados en madera, plástico y aluminio.

Los bastidores pueden tener un pedestal vertical o «pie», con una base plana o «de mesa» e incluso pueden no tener ningún tipo de sujeción y llamarse entonces «bastidores de mano». Los diámetros oscilan entre los 10 y los 30 cm. Los bastidores poseen un sistema de sujeción de la tela que consiste en un círculo exterior con una palomilla o un tornillo, o un muelle en el caso de bastidores metálicos.

En cambio, los bastidores para tapices tienen forma rectangular, suelen ser de madera y pueden tener un pedestal o no. Las medidas más frecuentes son: 70×70 cm o 100×100 cm para el bastidor con pies, y de 40×40 cm hasta 100×100 cm para el otro tipo de bastidor.

Accesorios para bordar

Se necesitan *tijeras*, que siempre deberán estar bien afiladas, de los siguientes tipos: tijeras de corte, tijeras para ojales y tijeras de bordar. Los *alfileres*, serán de latón plateado o con la cabeza de colores para distinguirlos con mayor facilidad en el tejido. *Dedales*, indispensables para no pincharse, pueden ser de plata, niquelados o magnéticos, existen de diversos tamaños. Un *metro de sastre*, instrumento muy flexible y adecuado para medir las partes curvadas. Un *punzón*, de metal, usado para la realización del punto inglés redondo. Una *lupa* con su cuerdecilla para poder colgarla al cuello, facilita la realización de bordados

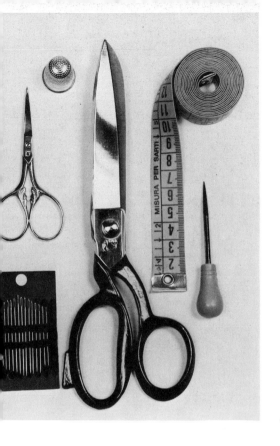

muy menudos. Un *enhebrador*, utensilio que le facilitará la operación de pasar el hilo por el agujero de la aguja.

Utensilios para pasar los dibujos al tejido

Cinta adhesiva de tela y cinta adhesiva normal; *papel carbón* de sastre y la *ruleta* de sastre lisa o dentada.

Un *agujereador* con mango para «agujerear» el papel en la técnica del picado y esparcido; un *jaboncillo de sastre*, que se puede encontrar en color blanco y azul; un *tampón*; un *lápiz* de sastre, de color blanco para dibujar directamente sobre el tejido; una *calca*, el típico dibujo en papel que es

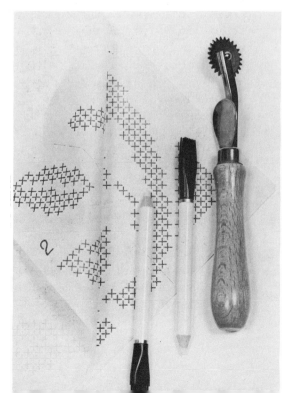

trasferible al tejido mediante el calor de la plancha; *papel de seda*, que se puede comprar en bloques o en hojas sueltas de distintas medidas; *goma de pan* para borrar posibles errores; una *regla* y una *escuadra* que permiten medir con absoluta precisión y formar ángulos rectos durante la realización del dibujo.

Dibujos y técnicas de transferencia

Ampliación y reducción
de un dibujo para bordado

El dibujo escogido para la elaboración del bordado puede no tener el tamaño deseado. Esta dificultad inicial, más aparente que sustancial, a menudo lleva a renunciar a la realización de un dibujo de valor gráfico muy adecuado para la finalidad deseada. Lo cierto es que hay que aprender a manejar las reglas y los lápices para convertirse en una improvisada dibujante. Sin embargo, con un mínimo de aplicación y buena voluntad, la empresa no será tan difícil, sino que hasta puede resultar una agradable distracción. Para esta operación se necesitan tres hojas de papel, mejor si es brillante, una goma para borrar, un lápiz, un sacapuntas, cinta adhesiva transparente, regla y una escuadra de 45°.

En primer lugar, hay que centrar el folio (fig. 1), realizando las diagonales y las líneas centrales en vertical y horizontal. El punto de inserción de todas las líneas indicará el centro de la hoja. Una vez obtenido este punto, se cogerá el dibujo elegido y, con la ayuda de una regla, se dividirá en cuadros perfectos de 5 mm por lado (fig. 2). Con la ayuda de una escuadra se marcará el perímetro más cercano a los márgenes del dibujo, numerando los cuadros en dos de los lados del dibujo (fig. 3).

La cuadrícula obtenida deberá colocarse y fijarse con cinta adhesiva en el ángulo inferior izquierdo de una hoja de papel de formato mayor. Prolongue la diagonal del dibujo sobre el papel que habrá colocado debajo (fig. 4). La longitud de la diagonal condicionará que la ampliación sea mayor o menor. Una vez elegida la ampliación deseada, interrumpa la diagonal y desde el punto de interrupción trace dos lados hasta encontrar la prolongación de los otros dos, obteniendo así un nuevo perímetro (fig. 5). Este nuevo perímetro podrá ser subdividido en el mismo número de recuadros que el anterior. En el caso ilustrado en la figura 6, los recuadros no son de 5 mm por lado sino de 7 mm. También aquí será útil numerar los recuadros.

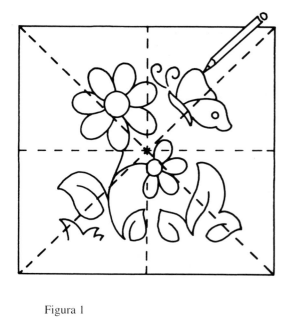

Figura 1

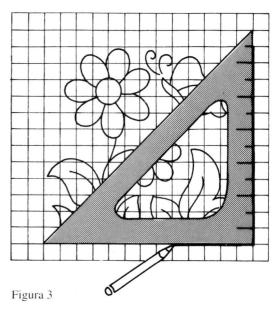

Figura 3

5mm

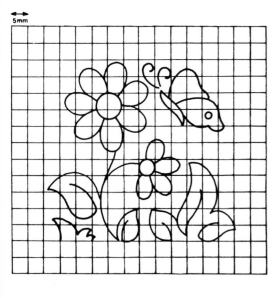

Figura 2

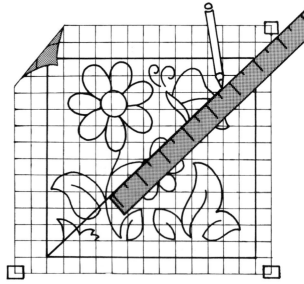

Figura 4

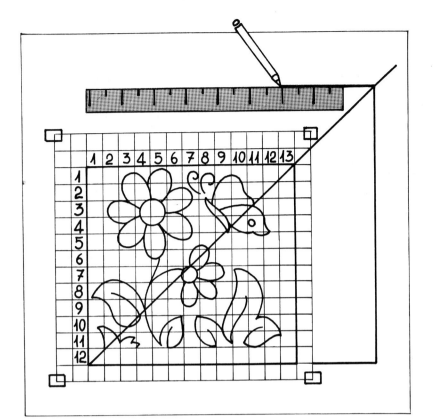

Figura 5

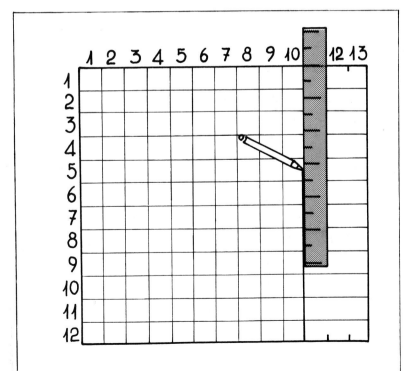

Figura 6

La reconstrucción del dibujo sobre la nueva cuadrícula deberá realizarse con trazos discontinuos (fig. 7), comparando siempre el dibujo de la cuadrícula más pequeña con el que se va formando ampliado y recordando que el motivo del dibujo no debe variar respecto a los recuadros. La numeración realizada le será de gran ayuda para situar los puntos de desarrollo del dibujo. La técnica adoptada recuerda mucho al juego de la «guerra de barcos». Una vez terminado, se colocará una tercera hoja que antes se habrá centrado en la que, con trazo continuo, calcaremos el dibujo definitivo con la ampliación deseada (fig. 8). Es obvio que para la reducción se realizará el mismo procedimiento, pero en sentido inverso.

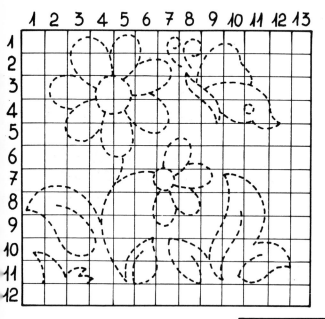

Figura 7

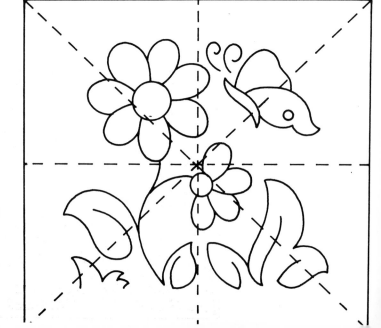

Figura 8

Reproducción de un dibujo simétrico

La reproducción de un dibujo simétrico es aún más simple. En este caso sólo se usará una hoja de papel brillante que, centrado de la forma que se ha descrito antes, se colocará sobre la cuarta parte del dibujo que hay que bordar, calcándolo con un lápiz (fig. 9). Luego se ple-gará la hoja por la mitad vertical y se calcará la parte que aún no se ha dibuja-do (fig. 10). Después, bastará con plegar la hoja por la mitad horizontal, calcando la otra parte del dibujo (fig. 11). De esta forma, se obtiene un motivo completo que podrá ampliarse o reducirse a placer tantas veces como se necesite, con plie-gues sucesivos primero sobre la hori-zontal y después sobre la vertical.

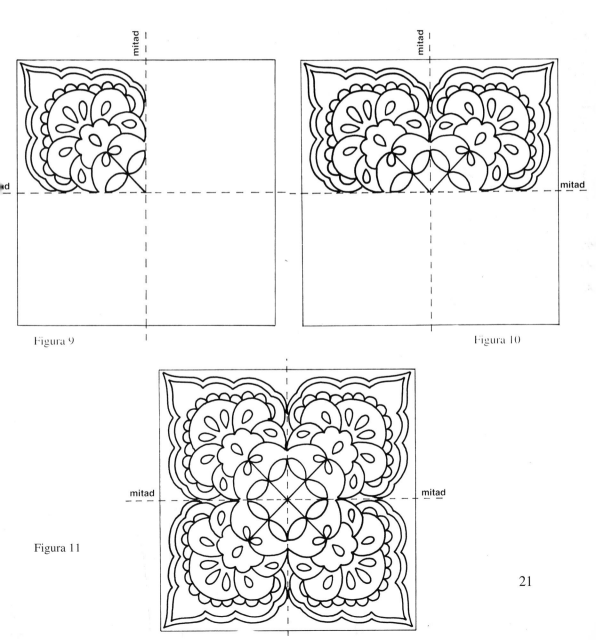

Figura 9

Figura 10

Figura 11

21

Técnicas de transferencia del dibujo a la tela

Antes de pasar cualquier dibujo al tejido, la primera regla indispensable es colocar el tejido de forma que pueda recibir el dibujo correctamente.

Al igual que para la ampliación o la reducción del dibujo, en esta fase también hay que proceder a su centrado. La realización es muy sencilla, basta con plegar la tela por la mitad siguiendo un hilo recto, presionando con la uña del pulgar (fig. 12). Plegar una vez más el tejido del mismo modo y con la misma técnica (fig. 13). Abrir la tela y, si los pliegues no se vieran bien, convendría hacer unas bastas con hilo de color para que se vea bien el centro de la tela. A continuación, se puede proceder a pasar el dibujo a la tela.

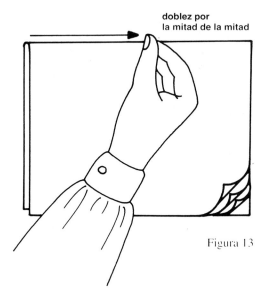

doblez por la mitad de la mitad

Figura 13

Existen varias técnicas para realizar correctamente estas operaciones: una de las más sencillas y prácticas es la llamada *calca* que ya tiene dibujos que han sido tratados con un procedimiento particular. Basta con apoyar la calca sobre el tejido y pasar por encima del papel una plancha muy caliente, sin vapor, de esta forma el dibujo pasará de inmediato al tejido (fig. 14).

Por lo prácticos que son, los dibujos calcados se encuentran con facilidad y a buen precio en cualquier tienda especializada. A menudo estas calcas aparecen insertadas en las revistas especializadas.

Figura 12

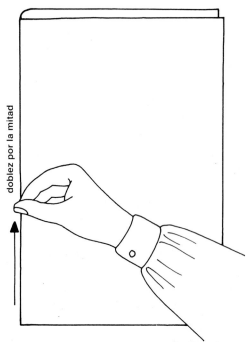

doblez por la mitad

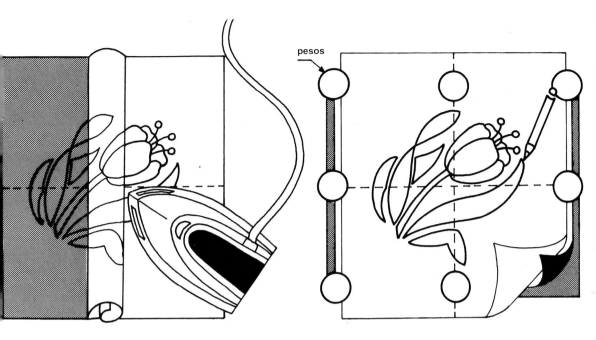

Figura 14

Figura 15

En el caso de que las calcas no tuvieran motivos y dibujos de su agrado o que no satisfagan sus exigencias, siempre es posible recurrir a la fantasía y a la creación personal. En dicho caso, el motivo elegido puede pasar al tejido con los métodos del «trazado con papel carbón» y del «picado y esparcido».

En el primer caso, colocando una hoja de papel carbón de sastre, que se puede encontrar en los comercios especializados, entre el tejido y el dibujo. Tras sujetar la tela, el papel carbón y el dibujo con algunos pesos (para que no se muevan durante la operación), se repasa el dibujo con un lápiz de punta redondeada (fig.15) o con una ruleta de sastre. Una vez terminada la operación, después de haber separado con suavidad el dibujo y el papel carbón de la tela, el trazado quedará bien visible.

Si en cambio se utiliza la técnica del «picado y esparcido», hay que dibujar el motivo en una hoja «de pulir» y después apoyarla sobre un tejido grueso y suave. En este momento se empezará a horadar los contornos del dibujo con un alfiler o, mejor, con el punzón (fig. 16), que se puede encontrar en los comercios del sector. Los agujeros deberán ser equidistantes y del mismo grosor. Posteriormente, se coloca el dibujo sobre el tejido que hay que bordar y, tras haberlo sujetado con algunos pesos colocados en las esquinas, se empieza a empolvar, aunque no demasiado, el tampón con *jaboncillo de sastre* (fig. 17). Se pasa el tampón sobre el dibujo de papel que se acaba de agujerear, con movimientos rotatorios alternados. Para ver si el polvo ha pasado uniformemente al tejido, se levanta el dibujo con suavidad. Al terminar, se

23

levanta el dibujo y se elimina el exceso de polvo con un soplido suave. Es indispensable fijar el dibujo obtenido con aerosol de alcohol desnaturalizado, a una distancia de unos treinta centímetros de la tela (fig. 18).

Una ventaja de esta técnica que acabamos de describir es que permite utilizar múltiples veces el dibujo original, siempre que se conserve bien. Ventaja que no posee la «calca», que sólo puede ser usada muy pocas veces.

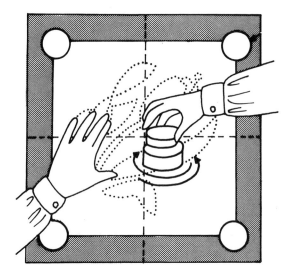

Figura 17

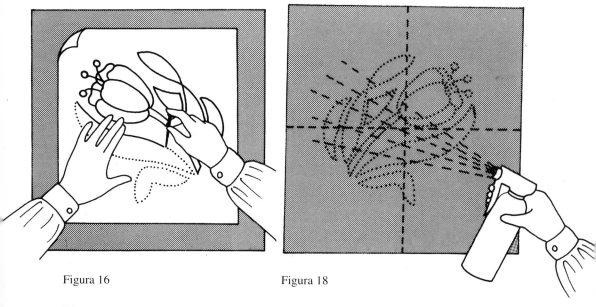

Figura 16   Figura 18

Montaje de la tela

Preparación del bastidor
y montaje de la tela

Antes de empezar a realizar cualquier bordado, hay que elegir el bastidor adecuado entre los materiales (madera o metal) y las medidas que se encuentran en el mercado y que ya se indicaron en el capítulo «Utensilios y materiales».

La función del bastidor es la de tensar la tela sobre la que tendremos que bordar para facilitar los pasos exigidos para la realización de los puntos.

En primer lugar, hay que colocar el aro más grande (el que tiene el tornillo o la palomilla, si es de madera; o el muelle, si es metálico) sobre el más pequeño, colocando entre ambos la tela (fig. 19). Tensar el tornillo o la palomilla hasta que el acoplamiento de los dos aros sea tal que no permita que el tejido se mueva. Tirar ahora con las manos de la tela exterior del aro, prestando atención a que los hilos que componen la trama del tejido resulten paralelos entre sí (fig. 20).

En el caso de que disponga de un bastidor que no sea perfectamente redondo o de tejidos muy finos que no

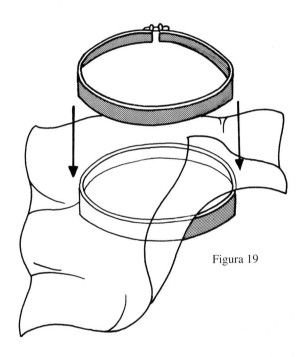

Figura 19

queden perfectamente fijos a los dos aros, basta con forrar el aro más pequeño con cinta adhesiva de tela (fig. 21) para obtener la adherencia deseada. Si el bordado debe realizarse sobre seda o telas muy delicadas y fácilmente deformables, para que no se ensucie en absoluto el bordado, se pueden coser sobre la tela (dejando libre la parte que hay que bordar) cuatro trozos de otro tejido (fig. 22), de esta forma se evita cualquier inconveniente.

25

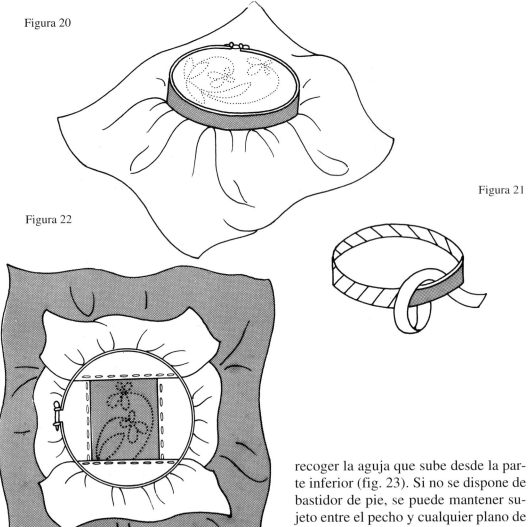

Figura 20

Figura 21

Figura 22

recoger la aguja que sube desde la parte inferior (fig. 23). Si no se dispone de bastidor de pie, se puede mantener sujeto entre el pecho y cualquier plano de apoyo disponible de forma que no se pueda escapar durante el trabajo. Además, conviene empezar el bordado de forma que el trabajo que acaba de realizar no se vea aprisionado entre los dos aros.

La preparación de los hilos es otra operación importante en el arte del bordado. Es indispensable utilizar hebras no demasiado largas, para evitar que el hilo pierda brillantez y consistencia debido a las excesivas entradas y salidas de la tela, o que se anude y

Consejos útiles

Una vez terminado el montaje de la tela se puede empezar a bordar.

La posición de las manos respecto al bastidor debe ser la siguiente: mano derecha debajo y la izquierda encima para

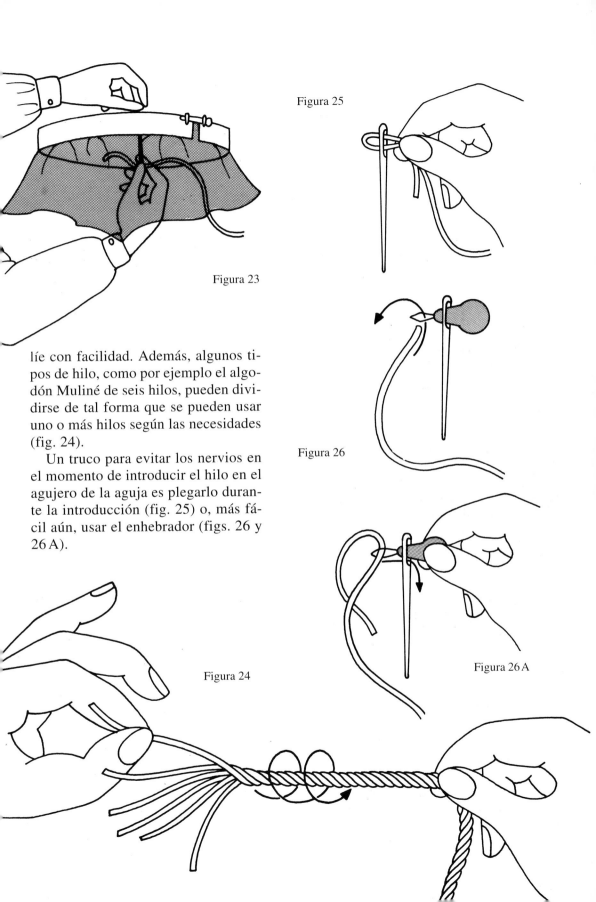

Figura 25

Figura 23

líe con facilidad. Además, algunos tipos de hilo, como por ejemplo el algodón Muliné de seis hilos, pueden dividirse de tal forma que se pueden usar uno o más hilos según las necesidades (fig. 24).

Un truco para evitar los nervios en el momento de introducir el hilo en el agujero de la aguja es plegarlo durante la introducción (fig. 25) o, más fácil aún, usar el enhebrador (figs. 26 y 26 A).

Figura 26

Figura 24

Figura 26 A

Para obtener un trabajo bordado de elevada calidad no sólo debería asegurarse de que le haya salido de maravilla por el derecho, sino que también hay que prestar atención al revés. De hecho, al llegar a esta parte es donde habría que adoptar las precauciones necesarias para que la prenda no se deshilache o para no formar, una vez que ha sido planchada, protuberancias antiestéticas. La primera regla es la de no hacer nunca nudos al principio de cada hebra, y deje en el revés una cantidad de hilo que permita, una vez terminada la hebra, asegurar los puntos, al principio o al final, del modo ilustrado en las figuras 27 y 27A, y en las 28 y 28 A. Conviene seguir siempre el trazado del dibujo cubriéndolo por completo con puntos de bordado para evitar que se vea del revés una vez terminado el trabajo.

En el caso de que, durante el bordado, el hilo se líe, basta con hacerlo salir por el lado derecho del trabajo y dejarlo colgar con la aguja durante unos instantes para que se deslíe por sí solo.

La tensión del hilo durante la elaboración tiene una importancia determinante para obtener un bordado regular y de valor. Por lo tanto, hay que prestar atención a no tensar demasiado el hilo para evitar agujeros antiestéticos en la tela o a no dejarlo demasiado suelto, ya que provocaría inevitables deshilachados en el bordado durante el lavado o el planchado de la pieza.

En el caso de bordados en tejidos muy gruesos el uso del dedal se hace indispensable, para evitar el dolor del dedo usado para empujar la aguja. En estos casos, conviene proteger con otro dedal el dedo de la mano izquierda ya que al recoger la aguja que sale, se expone a pinchazos desagradables. Este pequeño accidente además de provocar dolor, puede manchar el trabajo con lo que el resultado se vería alterado. Para terminar, es aconsejable trabajar con las manos limpias y, si es posible, con las uñas sin pintar. En cada pausa del bordado conviene tener la precaución de envolver el conjunto en un paño limpio y guardarlo con cuidado.

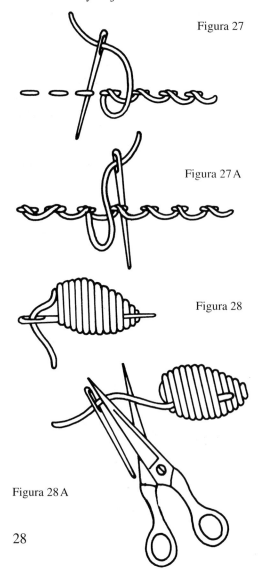

Figura 27

Figura 27 A

Figura 28

Figura 28 A

Puntos fáciles para pricipiantas

Puntos lineales

Un buen consejo para quienes se interesan por primera vez en la confección de bordados es empezar a realizar puntos muy simples en retales de tela que no tengan valor, antes de comenzar a bordar de verdad.

Entre los puntos usados para bordar, los más sencillos son los *lineales* también llamados de *contorno* que, a pesar de ser muy fáciles de hacer, realzan cualquier prenda de lencería. Se dividen en cuatro categorías: los realizados horizontalmente, los que van de izquierda a derecha, de derecha a izquierda, y los realizados verticalmente de abajo arriba y de arriba abajo.

Al grupo de bordados horizontales realizados de izquierda a derecha pertenecen algunos de los puntos más sencillos y agradables de realizar.

Punto palestrina

Este punto, realizado en tres movimientos, es uno de los puntos de borda-do más antiguos. Confiere un gran efecto en los acabados y es protagonista de ricos adornos.

Para la elaboración de este punto, se introduce la aguja verticalmente tomando cuatro o cinco hilos de tejido, saltando seis o siete (fig. 29). De esta forma se obtiene un punto oblicuo horizontal. Después, se introduce la aguja desde arriba en el punto largo que se acaba de realizar (fig. 29 A) y, sujetando el hilo

Figura 29

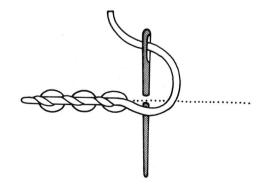

29

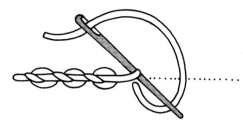

Figura 29 A

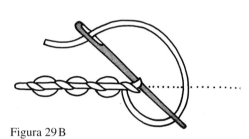

Figura 29 B

hacia abajo, se hace salir la aguja sin coger el tejido que hay debajo. De nuevo, se realiza el último punto, entrando una vez más desde arriba en el punto largo horizontal (fig. 29 B), sujetando siempre el hilo hacia abajo, pasando la aguja y tirando de la hebra para volver a empezar, después, con la elaboración desde el primer movimiento. Es evidente que el número de hilos indicado más arriba variará según el grosor del tejido usado, cuanto mayor sea la trama, menor será el número de hilos y, en cambio, cuanto más fina sea la trama, mayor será el número de hilos.

Punto de tallo

El punto de tallo, en sus variantes simple y doble, se realiza en un solo movi-

miento. Este punto también tiene su origen en antiguas tradiciones. En general, se usa para el bordado «en blanco», pero recientemente también ha sido redescubierto para el bordado a color, ya que es adecuado para el contorno de hojas, pétalos, tallos y adornos en general.

Se introduce la aguja en el tejido cogiendo cuatro o cinco hilos del mismo y saliendo horizontalmente al final del punto anterior (fig. 30).

Figura 30

Punto de tallo doble

La elaboración del punto de tallo doble es igual que la simple. La única variante consiste en que la salida de la aguja se hace en la mitad del punto anterior (fig. 31).

Figura 31

Punto de festón abierto

El festón abierto, realizado en dos movimientos, es uno de los puntos de bordado de mayor efecto y, por su simplicidad, continúa usándose mucho para adornos.

Se introduce la aguja verticalmente tomando cinco o seis hilos de tejido y saliendo sujetando el hilo hacia abajo (fig. 32). Conviene sujetar el hilo hacia la derecha e introducir la aguja de forma oblicua desde arriba hacia abajo en el punto anterior (fig. 32 A).

Se realiza formando un punto horizontal, cogiendo siete u ocho hilos de tejido y realizando los puntos sucesivos de la misma forma, pero haciendo salir la aguja del interior del punto anterior (fig. 33).

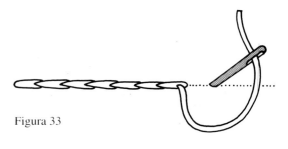

Figura 33

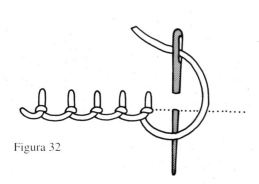

Figura 32

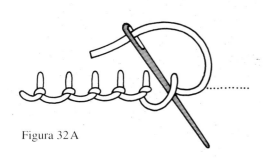

Figura 32 A

Punto partido

El punto partido, a pesar de no ser demasiado conocido, también se usa para el bordado de contornos como alternativa al punto de tallo, con el que comparte las mismas características.

Punto de estrella

La estrella es un punto de bordado de los más decorativos. Tiene un aspecto muy similar a un asterisco y se adapta para los acabados de ribetes y dobladillos y para la realización de motivos geométricos para lencería personal y prendas de ajuar.

Para la elaboración de este punto basta con seguir la sucesión de los dibujos que lo ilustran en detalles (figuras 34, 34 A, 34 B).

Figura 34

Figura 34 A

Figura 34 B

Figura 35

Se realiza clavando la aguja en el tejido y haciéndola salir cinco o seis hilos más adelante de donde quiere empezar la bastilla. Se hace entrar la aguja cinco o seis hilos más atrás y se sale cinco o seis hilos por delante (fig. 36).

Para obtener un terminado más decorativo con la bastilla, se pueden realizar dos filas paralelas y distanciadas entre sí aproximadamente un centímetro, formando, sin coger el tejido, una unión trabajada de izquierda a derecha con hilo distinto y de otro color.

Figura 36

Figura 37

Punto de hilván

El punto de hilván además de ser muy usado para los bordes es el punto de base de la «bastilla».

Para ejecutarlo basta realizar correctamente el movimiento descrito en el dibujo (fig. 38), con la precaución de mantener una anchura constante entre las hilvanadas.

Una simpática variante del punto de estrella se obtiene uniendo los bordados entre sí con pequeños puntos realizados de derecha a izquierda para formar tantos nudos como estrellas se hayan realizado (fig. 35).

Punto de pespunte

Ahora pasaremos a describir los puntos horizontales realizados de derecha a izquierda. Entre ellos, el más conocido es el de pespunte. Este es un bordado de contorno de delicado aspecto y frecuente uso.

Figura 38

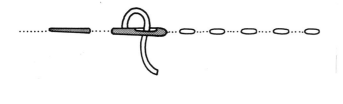

Figura 38 A

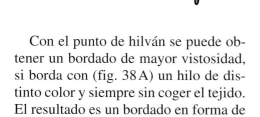

Con el punto de hilván se puede obtener un bordado de mayor vistosidad, si borda con (fig. 38 A) un hilo de distinto color y siempre sin coger el tejido. El resultado es un bordado en forma de ola de agradable efecto.

Punto de cadeneta

En la elaboración de los puntos verticales, realizados de arriba abajo, el punto de cadeneta ocupa la primera posición, por sus características de originalidad y su capacidad de sufrir múltiples transformaciones.

Se realiza clavando la aguja verticalmente en el tejido y haciéndola salir seis o siete hilos por debajo, sujetando el hilo en la parte izquierda del trabajo con el dedo pulgar (fig. 39). El movimiento se repetirá cada vez que sea necesario para cubrir la longitud deseada.

Figura 39

33

Punto de cadeneta abierto

Una primera variante del punto que acabamos de describir es el de cadeneta abierto. Se puede realizar con un solo movimiento, insertando la aguja de forma oblicua en lugar de clavarla verticalmente (fig. 40).

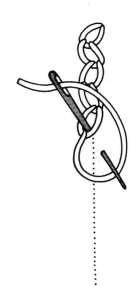

Figura 41

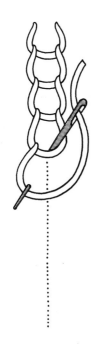

Figura 40

Punto de cadeneta retorcido

La capacidad de transformación del punto de cadeneta también está presente en el punto de cadeneta retorcido. En este caso, se debe insertar la aguja oblicuamente, esta vez no en el interior del agujero, sino en el exterior, a su derecha (fig. 42).

Punto de cadeneta en zigzag

Otra variante es el punto de cadeneta en zigzag. Se obtiene clavando la aguja oblicuamente, pero en alternancia de izquierda a derecha y de derecha a izquierda (fig. 41).

Figura 42

Punto de cadeneta en forma de pata de gallo

Para terminar, citaremos el punto de cadeneta en forma de pata de gallo que consiste en alargar el hilo de unión entre una argolla y la siguiente (fig. 43).

Figura 44

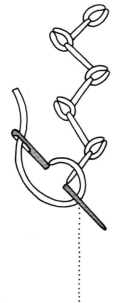

Figura 43

Punto de cadena con eslabones

Ahora podemos describir el punto de cadena con eslabones. Para realizarlo, se hace salir verticalmente la aguja por la parte derecha del bordado, sujetando siempre el hilo en la derecha, formando una argolla tal como se ilustra en la (fig. 44). Luego se clava la aguja en sentido vertical, dos o tres hilos después y se sale ocho o nueve hilos más lejos. Se puede proseguir de la misma forma hasta obtener la longitud deseada.

Punto de cadena separado

Un punto derivado del de cadeneta es el punto de cadena separado que se realiza como el de cadeneta, haciendo pasar el hilo salido de la argolla por el revés del tejido tres o cuatro hilos después (fig. 45). Se puede hacer el bordado más agradable haciendo pasar por las argollas dos hilos de distinto color y trabajando de abajo arriba (figs. 46 y 46 A).

Figura 45

35

Figura 46

Punto de coral

El punto de coral también es usado para el bordado de decoración y se realiza con una técnica parecida a la del punto de cadeneta. Se diferencia de este último en que la argolla quedará abierta, justificando así su propio nombre (fig. 47).

Figura 47

Figura 46 A

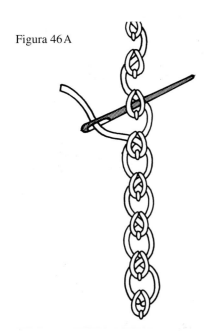

Banda de cadeneta

Este punto, a pesar de ser sencillo, confiere un notable efecto a la labor. Se realiza en dos tiempos: primero se hacen todos los puntos horizontales, cogiendo ocho o nueve hilos de tejido (fig. 48); y después, trabajando de arriba hacia abajo, se formarán las argollas pasando el hilo por los puntos horizontales antes realizados tal como se indica en el dibujo (fig. 48 A).

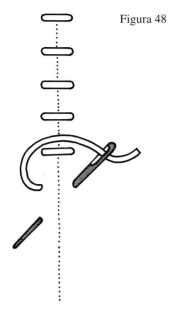

Figura 48

Punto de helecho

Para terminar este capítulo, citaremos el punto de helecho, también llamado *de rama*, realizado desde arriba hacia abajo. Se hace salir la aguja hacia la izquierda en el punto donde se quiera empezar el bordado y, clavando la aguja hacia la derecha, se sale oblicuamente en el centro cogiendo seis o siete hilos de tejido (fig. 49). Así se obtiene un punto largo horizontal que terminará con un punto vertical, haciendo salir la aguja oblicuamente hacia la izquierda y volviéndose a encontrar en el punto de inicio (fig. 49 A).

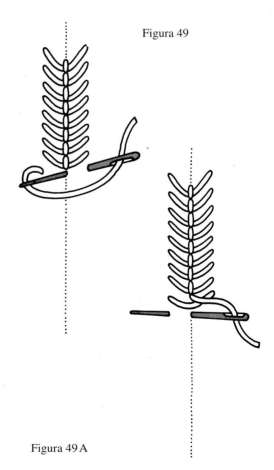

Figura 49

Figura 48 A

Figura 49 A

Consejos útiles y ejemplos de realización

La extremada facilidad de realización de los puntos que acabamos de describir y que hemos ilustrado con claridad, no impide que estos bordados, si se realizan correctamente, posean una extraordinaria belleza una vez el trabajo esté terminado. La elección de los colores de los hilos, sus características y calidad, contribuirán al éxito del trabajo. En general, los hilos empleados son: el algodón Muliné de seis hilos, el hilo de bordado o la seda de bordado. Para obtener un bordado en relieve se puede usar en un tejido más denso el algodón suave o el algodón Perlé n.° 5. Esos hilos, caracterizados por su mayor espesor, permiten bordar dibujos de contorno, obteniendo con ellos resultados análogos a los que proporcionan puntos de bordado que llenan más. El acercamiento de varias filas hechas con estos puntos permite obtener cenefas o motivos mucho más bonitos.

A continuación le proponemos realizar dos bordados con los puntos que acabamos de describir que, sin duda, aumentarán su experiencia y habilidad. Estos dibujos están hechos a escala.

El primero (fig. 50) se realiza para un cojín de niños, que añadirá una nota alegre a su habitación. Para su realización se necesita: un trozo de tela de 45×45 cm, a ser posible de lino y de color neutro (por ejemplo, marfil), de trama más bien gruesa. Para la parte posterior del cojín será necesaria una tela de las mismas dimensiones, pero de colores vivos. El hilo aconsejado para este tipo de trabajo es preferentemente el algodón suave, con libre elección de color. El bordado deberá preceder a la confección del forro del cojín. Además, conviene dejar abierto uno de los lados del cojín, cosiendo en él una cremallera o un velcro, para poder quitar el forro y lavarlo con comodidad.

El segundo dibujo (fig. 51) permite realizar un bordado para un mantel de mesa cuadrada, aunque también es ideal para un «tú y yo». Para este bordado se aconseja usar algodón Muliné de seis hilos caracterizado por su mayor brillantez. También aquí se puede elegir cualquier color, puesto que el tipo de hilo recomendado ofrece una vasta gama de posibilidades. De todas formas, le proponemos utilizar los siguientes: para las flores el azul 132, para los pistilos el amarillo 239 y para los tallos y las hojas el verde 238. También es aconsejable, para que el bordado quede bien resaltado, usar una tela de lino blanca de trama densa. Las medidas del retal dependerán del tamaño de la mesa, a título indicativo puede ser de 140×140 cm. También se pueden obtener unos bonitos acabados de las cenefas, con la realización de tres hileras paralelas de punto palestrina, con los colores arriba indicados. Para las servilletas, basta con bordar en una esquina una hoja pequeña para que estén a conjunto con el mantel.

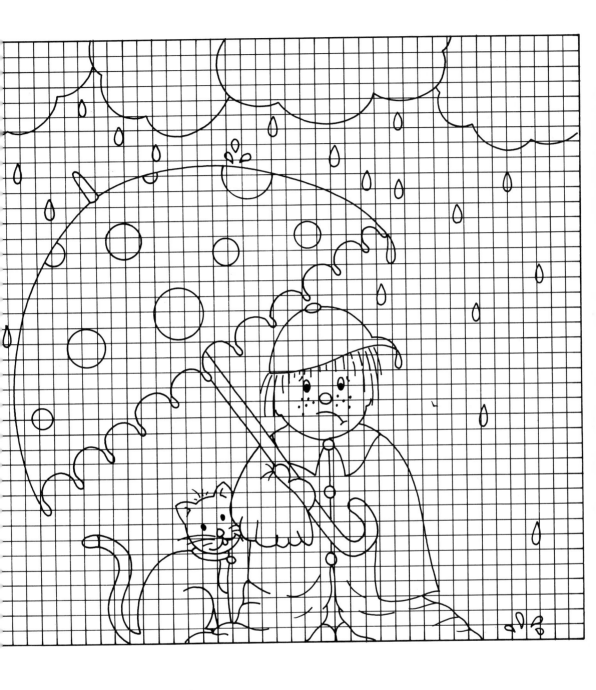

Figura 50

N. B.: en este dibujo y en los siguientes cada recuadro equivale a 1 cm

Figura 51

Puntos menos fáciles
para las más valientes

Puntos de relleno

Entre los bordados más bonitos merecen una particular mención y atenta observación los «de relleno». Estos puntos reciben esta denominación por su capacidad de cubrir, una vez terminado el trabajo, amplios espacios de tejido. A esta característica se añade el efecto «pictórico» que hace que cualquier prenda de lencería parezca una «pieza» de gran valor. Por dichas cualidades son usados desde tiempos remotos para la elaboración de tapices, alfombras, etcétera, que aún se conservan en algunos museos como testimonio del gran arte del pasado.

Su elaboración es, sin duda, menos fácil que la de los puntos «de contorno», y no porque los movimientos sean más laboriosos, sino por la escrupulosa atención con la que hay que realizarlos para obtener resultados apreciables.

Punto plano

Este punto es el más común y sencillo. Se realizará preferiblemente con basti-dor y con movimientos de izquierda a derecha. Se introduce la aguja verticalmente y de arriba hacia abajo, siguiendo el dibujo que se habrá trazado en el tejido (fig. 52), tantas veces como sea necesario para cubrir el detalle del bordado. La tensión del hilo deberá ser siempre constante y la elaboración de los puntos largos deberá ser homogéneamente densa. De esta forma se obtendrá una superficie bordada uniforme que cubrirá por completo los espacios deseados.

Figura 52

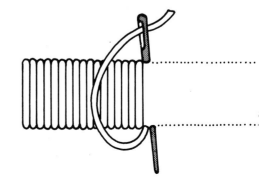

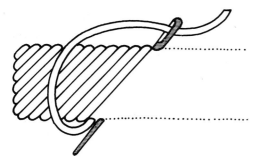

Figura 53

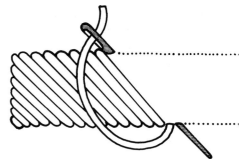

Figura 54

Punto plano en diagonal

Esta curiosa variante del punto descrito se realizará de la misma forma, con la única variación que hay que insertar la aguja de forma oblicua, hacia la derecha o hacia la izquierda (figs. 53 y 54). De esta forma se obtendrán reflejos claroscuros de agradable efecto.

Punto raso

El punto raso está formado por varias hileras de puntos largos y cortos alternados (fig. 55), con una sucesión gradual de colores difuminados (ejemplo, del rosa oscuro al rosa claro, o viceversa).

Se realiza de izquierda a derecha en el sentido de las agujas del reloj y del

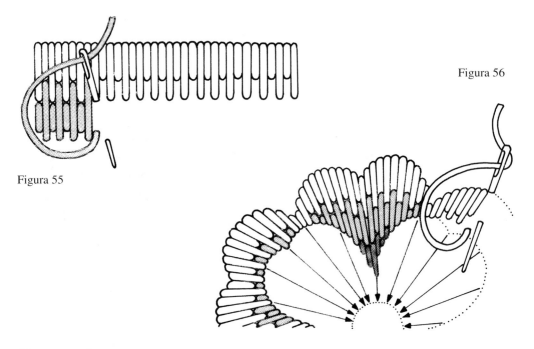

Figura 55

Figura 56

42

exterior hacia el interior. Se inserta la aguja verticalmente de arriba hacia abajo, formando una vez el punto largo y la otra el punto corto, de modo que la base de los puntos converja hacia el centro del dibujo (fig. 56). Este punto de bordado, aun siendo de difícil elaboración, es uno de los más apreciados y, si se realiza en un tejido de seda, sus características intrínsecas se verán realzadas.

Punto pasado encontrado

El punto pasado encontrado es otro de los puntos que dan al bordado efectos de luz particulares. Suele realizarse con bastidor y se trabaja con un solo color, hacia delante, de arriba hacia abajo, y hacia atrás, de abajo arriba.

Se saca la aguja verticalmente en la parte derecha del tejido, saltando seis o siete hilos, y de nuevo se vuelve a clavar la aguja hacia el revés del trabajo. Se saca la aguja por el derecho de la tela a 1/3 del punto realizado, pasando por la mitad del hilo de bordar (fig. 57); después, se vuelve a saltar seis o siete hilos del tejido y volviendo al revés del trabajo, se prosigue de la misma forma hasta llegar a la base del dibujo trazado. En la vuelta, el «encontrado» del punto se realizará de forma alternada con los puntos realizados en la ida.

Punto cruzado plano

El punto cruzado plano está especialmente indicado para pétalos y hojas. También se trabaja con bastidor y en dos fases (ida y vuelta) de arriba abajo.

Se divide simétricamente el espacio que hay que bordar y se clava la aguja en el tejido, en sentido oblicuo, haciéndola salir justo después de la línea divisoria trazada. Conviene repetir el movimiento en el lado opuesto. La longitud de los puntos dependerá sólo de la anchura del dibujo que se realice (fig. 58).

Figura 57

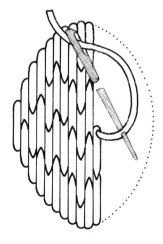

Figura 58

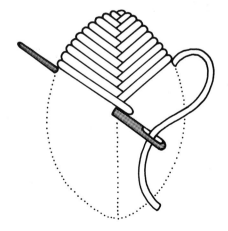

Punto margarita

El punto margarita se adapta muy bien a la realización de bordados de flores y hojas tipo helecho y de motivos sencillos. Por su simplicidad de elaboración sigue siendo muy utilizado.

Se realiza en dos movimientos en sentido contrario a las agujas del reloj. Se clava la aguja en el centro inferior del pétalo y, realizando una argolla (fig. 59), se sujeta en el centro superior del pétalo con un *petit point*, descendiendo luego la aguja hasta donde empiece el pétalo siguiente (fig. 59 A).

Se puede completar el punto margarita con un punto largo en el centro de cada pétalo realizado con hilo de distinto color (fig. 60).

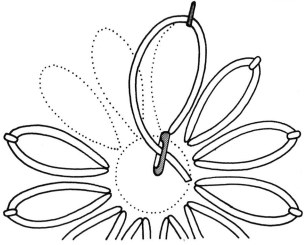

Figura 59

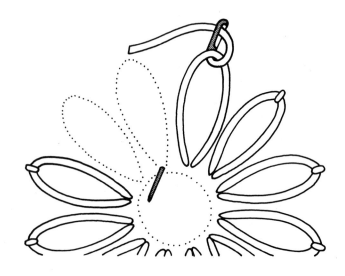

Figura 59 A

44

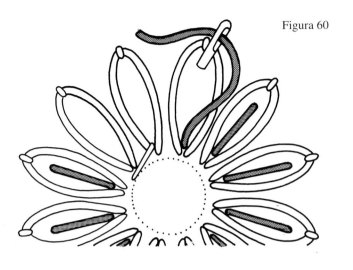

Figura 60

Punto de sombra

El punto de sombra es uno de los bordados más delicados que existen. Quizá por este motivo es preferible que se realice en un tejido transparente como por ejemplo, un cruzadillo de lino, de forma que se pueda ver desde la parte derecha del trabajo la sombra de los hilos unidos en el revés.

Se realiza de izquierda a derecha, en fases de ida y vuelta y preferiblemente con bastidor. Se introduce la aguja por el lado derecho de la labor en la parte del trazado superior, dejando al principio dos o tres hilos. Se cubren estos hilos con un punto atrás, volviendo así hacia el revés del trabajo. Luego se clava la aguja en el trazado inferior, saltando siempre dos o tres hilos y, cubriendo siempre estos últimos con un punto atrás, se vuelve a la parte derecha del trabajo en el lado superior del trazado (figs. 61 y 61 A).

Se puede realizar el revés de la labor, utilizándolo como derecho para bordes y acabados de cenefas. En tal caso también pueden utilizarse tejidos más consistentes (fig. 61 B).

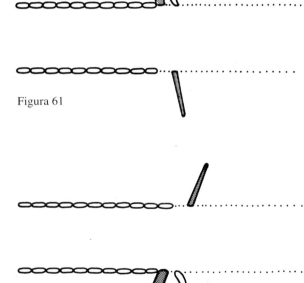

Figura 61

Figura 61 A

Figura 61 B

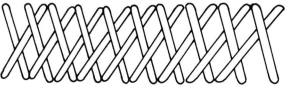

45

Bordados para servilletas realizados con algodón Muliné y aguja Milward n.º 5. Puntos: sombra y plano

Punto matiz

Este es, sin duda, uno de los puntos de bordado de mayor rigidez y solidez y por ello no teme a los frecuentes lavados y planchados.

Figura 62

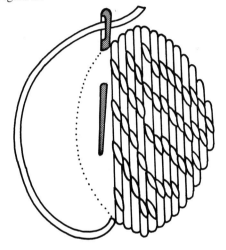

Figura 62 A

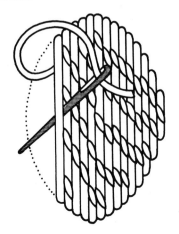

Se realiza trabajando de derecha a izquierda y, en el sentido horario, en el caso de pétalos dispuestos en círculo. Se forma un punto vertical de abajo arriba y se sube con la aguja tres o cuatro hilos de tejido (fig. 62). De nuevo se vuelve hasta el punto de base con pequeños puntos oblicuos y cogiendo el tejido (fig. 62 A). Se realizan de nuevo puntos largos y se sigue así hasta cubrir el dibujo elegido.

Conviene tener la precaución de realizar los puntos pequeños de tal manera que no superen los puntos largos.

Bordado de brocado

Recibe este nombre porque, una vez realizado, tiene una notable semejanza con el tejido de brocado, en particular por los juegos de luz. Los efectos de luz derivan del hecho de que este punto puede realizarse tanto en sentido vertical como en horizontal, siguiendo la trama y la urdimbre del tejido. Para este tipo de bordado se aconseja el uso de un algodón muy brillante, como por ejemplo el Perlé n.º 5. Además, hay

Figura 63

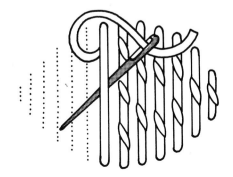

que hacer en el tejido un dibujo especial, no sólo del contorno: hay que trazar rayas en el interior que hay que llenar en sentido vertical y horizontal, a una distancia constante de unos dos o tres mm.

Se realiza en sentido vertical y de izquierda a derecha. Se cubre con un punto largo el trazado del dibujo y se saca la aguja a tres o cuatro hilos del punto terminal del trazado, volviendo después hacia abajo con pequeños puntos oblicuos (fig. 63). Conviene repetir el punto largo y proseguir así hasta que se termine el trabajo.

Punto lleno

El punto lleno posee la misma capacidad de cubrir que la del punto plano, además de seguir el mismo movimiento de realización. La única diferencia reside en que antes hay que preparar cuidadosamente el relleno del trazado.

Debe realizarse del siguiente modo: siguiendo el trazado de contorno se forma un zurcido o hilván (fig. 64). En su interior, trabajando en sentido vertical al igual que para el punto plano, y con la precaución de que estos puntos planos no se salgan del hilván que se ha realizado antes (fig. 64 A). Una vez terminados los puntos verticales, se repite la operación, esta vez en sentido horizontal (fig. 64 B).

El relleno se puede realizar también con hilo más grueso del usado para el bordado propiamente dicho, lo que permite obtener un mayor efecto de relieve.

Como último movimiento se realiza, al igual que en el punto plano, en senti-

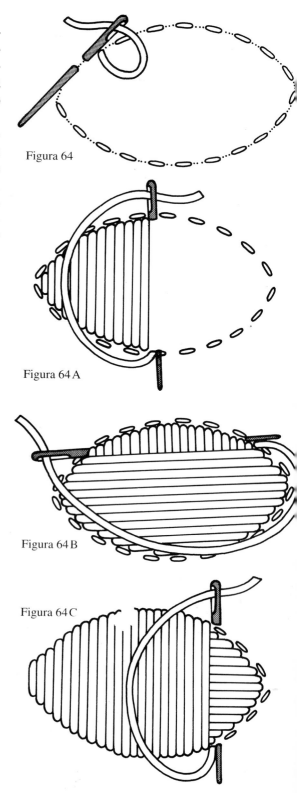

Figura 64

Figura 64 A

Figura 64 B

Figura 64 C

Mantelito realizado en tela de lino con algodón Muliné Anchor y aguja Milward n.º 7. Puntos: tallo, raso, plano en diagonal y lleno

Centro de mesa realizado en tejido de lino de trama gruesa con algodón Muliné Anchor y aguja Milward n.º 6. Puntos: plano, tallo, nudo francés, raso y margarita

Toalla bordada en tela de lino con algodón Muliné Anchor y aguja Milward n.º 6. Puntos: palestrina, hilván y tallo

Centro redondo realizado en tela de lino con algodón Muliné Anchor y algodón Perlé Anchor n.º 8, agu-
ja Milward n.º 6. Puntos: raso, tallo y festón

do vertical y de izquierda a derecha, la secuencia de los puntos largos que cubrirán tanto los puntos de relleno como el punto de hilván.

Punto lanzado

El punto lanzado no posee la capacidad de relleno de los anteriores, pero procura una forma de acabados y de resalte mayor de los perfiles de las hojas y pétalos, dándoles una sensación de realidad difícilmente igualable.

Se realiza de izquierda a derecha, insertando la aguja de forma oblicua, de arriba abajo, de forma que los puntos converjan en el centro. Se alterna un punto corto con uno largo, como se ha descrito en la primera fase del punto raso, limitándose a realizar en este caso sólo una vuelta (fig. 65).

Punto entorchado

El punto entorchado, por las características de vaporosidad que confiere a los bordados que lo emplean, es usado con frecuencia para la realización de piezas para niños.

Se realiza haciendo entrar y salir la aguja al principio y al final del pétalo trazado y envolviendo el hilo alrededor de la aguja tantas veces como sea necesario para cubrir la longitud del trazado (fig. 66). Se apoya el dedo pulgar en la punta de la aguja, para sujetar el hilo que acaba de enrollar y, clavando la aguja al final del pétalo siguiente, se hace correr entre los puntos enrollados y en el revés del trabajo (fig. 66 A).

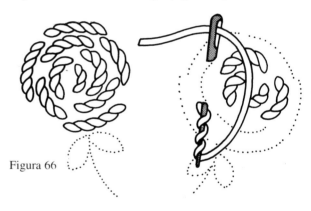

Figura 66

Figura 66 A

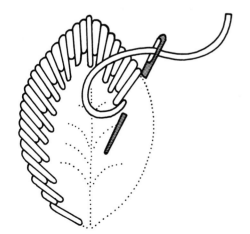

Figura 65

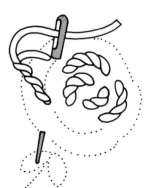

Nudo francés

El nudo francés es parecido al punto entorchado ya que también es un punto enrollado. Este bordado es adecuado para rellenar centros de flores o para dar cuerpo a ojos y narices de pequeños bordados.

Suele realizarse bordando en sentido horizontal de derecha a izquierda y disponiendo los nudos de forma esparcida. Se saca la aguja por la parte derecha del trabajo y, dando tres o cuatro vueltas de

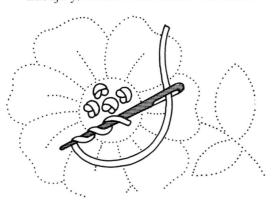

Figura 67

Figura 67 A

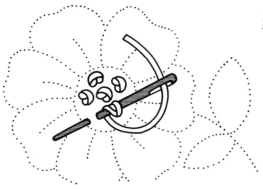

hilo en la aguja (fig. 67), se vuelve a entrar en el tejido dos o tres hilos después, de forma que el hilo corra en los puntos enrollados y en el tejido. Tras haber tirado de la hebra desde el revés para que los hilos del nudo se centren de forma correcta, se vuelve a la parte derecha del trabajo repitiendo la misma operación las veces necesarias (fig. 67 A).

Punto de arena

Al igual que el nudo francés, suele ser pequeño, pero si se realiza en grupos puede llenar espacios de dimensiones considerables.

Se trabaja de izquierda a derecha en orden esparcido. Consiste en dar pequeñas hilvanadas haciendo entrar y salir la aguja varias veces en el tejido y cogiendo sólo dos o tres hilos del mismo. El espacio entre una hilvanada y la siguiente será también de dos o tres hilos (fig. 68).

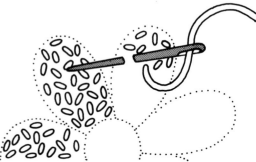

Figura 68

Punto de Rodas

El punto de Rodas está muy indicado para la decoración de centros, manteles y cortinas. Es preferible realizarlo en telas finas y de trama uniforme ya que para su elaboración hay que poder contar los hilos del tejido.

Se realiza en diagonal, de arriba abajo, en fases de ida y vuelta. Se empieza por el lado derecho superior, intentando cubrir con cada punto largo

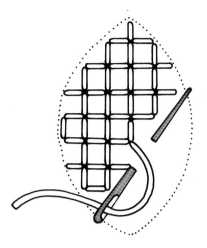

Figura 69 B

Figura 69 B

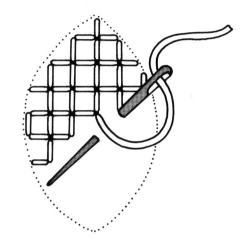

Figura 69

Figura 69 A

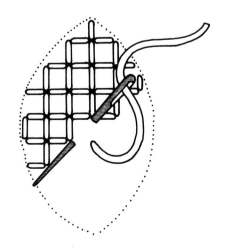

no más de tres o cuatro hilos. Proceda como se ilustra en los dibujos (figs. 69 y 69 A) hasta alcanzar el lado izquierdo del dibujo. Después, se realiza la fase de vuelta desde abajo arriba, tal como se indica en la fig. 69 B hasta volver a alcanzar el lado derecho. Se repite el movimiento descrito las veces que sea necesario.

Punto lineal

Este punto tiene características muy semejantes al punto anterior, con la diferencia de que se trabaja en sentido horizontal en fases de ida y vuelta. Para facilitar el trabajo durante la fase de vuelta se girará el tejido, con lo que se podrá volver a bordar de derecha a izquierda.

Se empieza de arriba hacia abajo, cogiendo en cada punto largo dos o tres hilos de tejido.

51

Para que aprender este punto sea lo más fácil posible, se han ilustrado con detalle todos los movimientos necesarios para llevar a término una hilera de punto lineal, tal y como muestran las figuras 70, 70A, 70B, 70C, 70D, 70E, 70F, 70G, 70H, 70I, 70L, 70M, 70N, 70O y 70P.

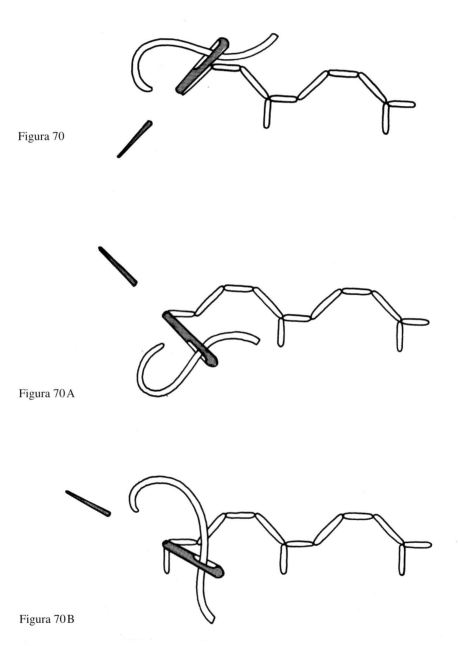

Figura 70

Figura 70A

Figura 70B

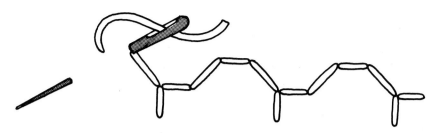

Figura 70 C

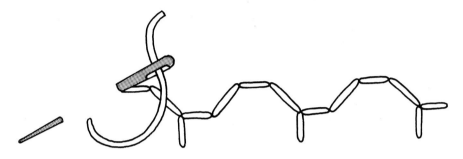

Figura 70 D

Figura 70 E

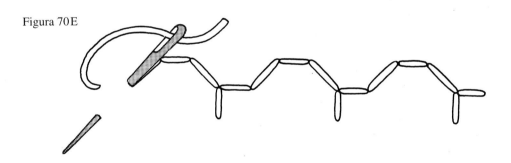

Figura 70 F

53

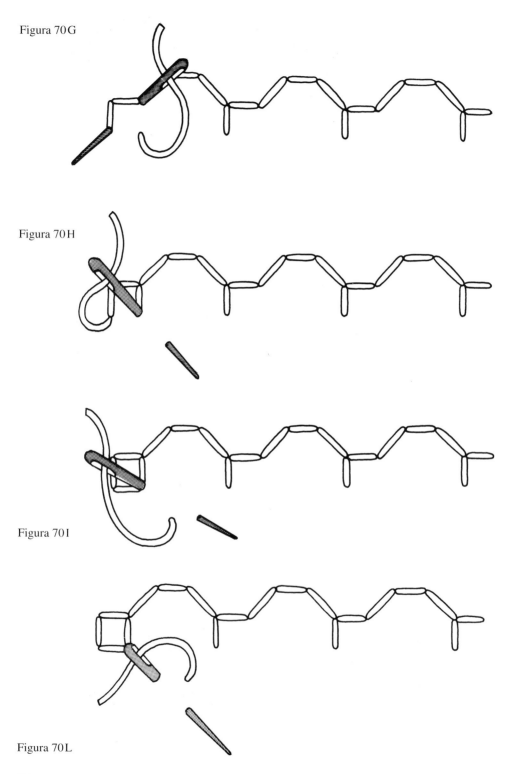

Figura 70G

Figura 70H

Figura 70I

Figura 70L

54

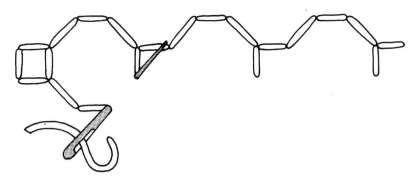

Figura 70 M

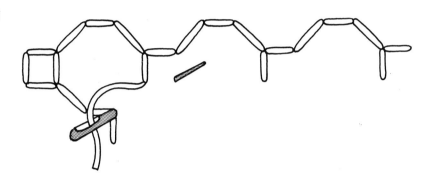

Figura 70 N

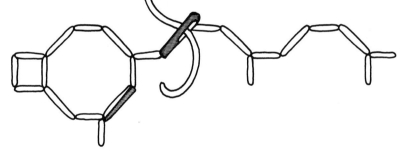

Figura 70 O

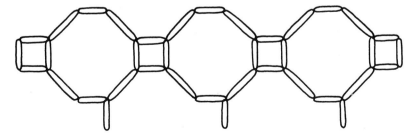

Figura 70 P

Puntos de acabado

Entre los bordados de acabado merecen una detallada descripción los que se obtienen con el punto festón y el borde festoneado. Estos puntos de bordado se adaptan muy bien a los acabados de los bordes de los manteles, cortinas, colchas, etc., sin tener que hacer un dobladillo con el tejido. Además, tienen la ventaja de adaptarse a las más variadas formas del dibujo escogido.

Festón

El festón se realiza de izquierda a derecha, aunque será precedido de dos bastas que cubrirán el trazado del dibujo realizado antes (fig. 71). Se cubren las bastas con puntos de festón, introduciendo la aguja verticalmente de arriba a abajo y, sujetando con el dedo pulgar el hilo por debajo, se saca la aguja hacia arriba (fig. 71 A). Finalmente, se tira de la hebra para cerrar el agujero que se acaba de realizar.

El festón también puede tener forma ondulada y ser de menos espesor que el que acabamos de describir. Para ello se hará una sola fila de bastas cubriéndola completamente con el punto. Para obtener la necesaria uniformidad de acabado hay que mantener una altura constante entre todos los puntos del festón (fig. 72). Si por el contrario se quiere conferir un mayor relieve a

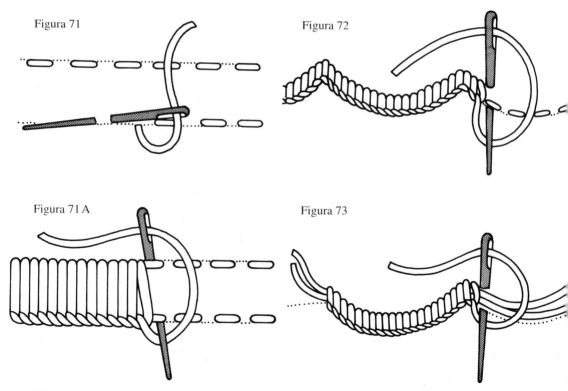

Figura 71

Figura 72

Figura 71 A

Figura 73

este bordado, durante la labor, se hacen pasar dos hilos de espesor superior al usado para el festón, por el interior del propio punto (fig. 73). Con este método no es indispensable realizar el embastado inicial.

Festón relleno

El punto de festón relleno, adecuado para el acabado de los bordes de las colchas, sólo varía en el embastado realizado sobre el trazado del dibujo, pero que, al realizar muchas hilvanadas pequeñas, se cubrirá el trazado por completo (fig. 74).

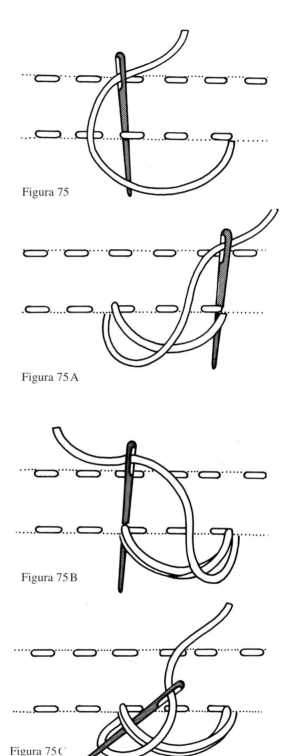

Figura 75

Figura 75 A

Figura 75 B

Figura 75 C

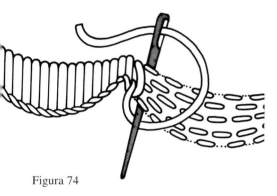

Figura 74

Presillas

Las presillas son el acabado más decorativo. Se realizan durante la confección de la basta y consiste en formar una «U» con tres hilos del algodón usado para el bordado (figs. 75, 75 A y 75 B). Se cubre la «U» con el punto de festón (fig. 75 C), teniendo presente que su tamaño puede variar a placer.

Punto de festón con piquillos

El punto de festón con piquillos se realiza durante la elaboración del festón, enrollando dos o más veces el hilo en la aguja y haciéndola correr por el interior de los puntos realizados (figs. 75 D, 75 E, 75 F y 75 G).

El pico puede repetirse varias veces en la «U», colocándolos a distancias constantes entre sí. Una vez terminada la elaboración de la «U», se proseguirá con la basta en el borde del dibujo, completando el trabajo con el festón en un segundo tiempo (fig. 75 H).

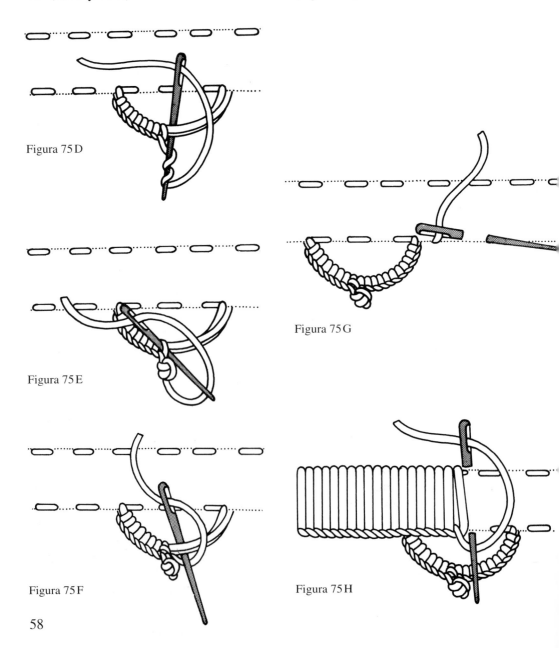

Figura 75 D

Figura 75 E

Figura 75 F

Figura 75 G

Figura 75 H

58

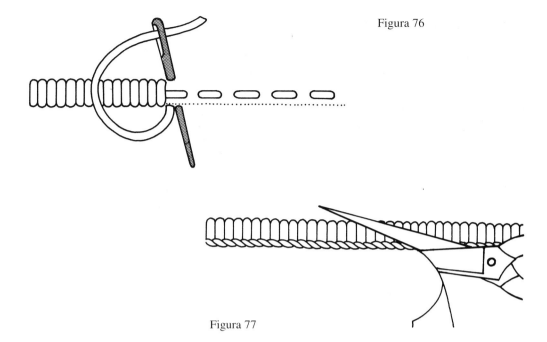

Figura 76

Figura 77

Borde festoneado

Al igual que el festón, el borde festoneado se usa mucho para los acabados y la
decoración de múltiples piezas de lencería. A diferencia del festón, al realizarlo
deberá conservar una altura constante
no superior a tres o cuatro milímetros
para evitar que el tejido se deshilache.

Se realiza haciendo una primera pasada de basta en el borde del dibujo que
después se cubrirá con pequeños puntos verticales de izquierda a derecha
(fig. 76). Una vez terminados los puntos de festón y borde festoneado o cordoncillo descritos, hay que recortar la
tela sobrante por la base del bordado,
prestando mucha atención en no cortar
los puntos que acabamos de bordar
(fig. 77).

Consejos y ejemplos útiles de realización

Una precaución muy útil para realizar
los bordados descritos es utilizar una
aguja fina y puntiaguda de forma que la
entrada y la salida de la aguja no deje
huella alguna de su paso.

Se pueden usar uno o más hilos de
bordar: todo dependerá de la vistosidad
que se quiera conferir a los acabados
escogidos.

Como siempre, se debe mantener la
tensión del hilo constante y realizar los
puntos con la regularidad adecuada.

Para ver lo fácil que resulta realizar
una pieza de ropa con los puntos descritos, le proponemos dos dibujos a escala. El primero es un motivo central
para un mantel redondo (fig. 78). El se-

gundo son tres motivos para servilletas.

Para el bordado del mantel, hay que disponer de una tela, preferiblemente cruzadillo de lino rosa, de 180 cm de diámetro. Para realizarlo se debe disponer de algodón Muliné de cuatro hilos y utilizar los siguientes puntos de bordado: punto de sombra, punto de Rodas, punto lineal, punto de tallo y nudo francés. Los colores pueden ser los siguientes: blanco 1 para las flores de muguete, amarillo 289 para los pistilos, verde 238 para hojas y tallos, y azul para los lazos.

Para hacer los detalles de las servilletas se necesitan tres retales de tela de lino de trama densa de 70×120 cm y de colores blanco, rosa y amarillo claro. El primer detalle (el de flores) se hará con la tela blanca y se usará algodón Muliné de seis hilos en los siguientes colores: verde 210, amarillo 297 y rosa 25. El festón se realizará con uno de los anteriores colores, a elegir. Para el bordado de las barcas, el tejido rosa y los colores: azul 162, azul 161, blanco 1, amarillo 288, avellana 368, y gris 398 para las gaviotas. Aquí también conviene escoger uno de los anteriores colores para hacer el festón.

Para el último bordado se usará tela amarilla clara y algodón Muliné de seis hilos de los colores: amarillo 298, anaranjado 303, naranja oscuro 316 y azul 159 para las nubecillas. El festón puede hacerse del color amarillo claro de la tela.

Figura 78

Figura 79

Puntos más difíciles para las más atrevidas

Puntos perforados

Pertenecen a los puntos perforados: el richelieu, el inglés y el de Pisa. Reciben el nombre de *perforados* porque tienen la característica de poder disponerse en el tejido de modo que forman espacios y motivos que, más tarde, pueden ser recortados. Por esta propiedad, el bordado exigirá cierta clase de dibujos que ya han sido estudiados para este tipo de puntos.

A pesar de la aparente fragilidad de estos puntos tan antiguos, son de los más fuertes y sólidos, ya que están realizados con bastas y puntos muy densos para cubrir los espacios. Una buena regla es usar tela de trama muy compacta y regular e hilos como el Muliné o el Perlé n.º 8 o n.º 5. Los motivos más utilizados son los florales. De todas formas, también se pueden realizar sugerentes decorados de formas geométricas.

Punto inglés

El punto inglés es adecuado para realizar formas de gota o redondas. Se borda con punto de hilván y bordes festoneados.

En el caso de formas redondas, se marca el contorno del dibujo (fig. 80) con un hilván de derecha a izquierda. Se horada la tela con el punzón moviéndolo hasta que alcance los tres o cuatro hilos que preceden el hilvanado que se acaba de realizar (fig. 80 A). Perfilar todo el borde del círculo con un festoneado denso, que se realizará de izquierda a derecha insertando la aguja verticalmente en el tejido y de arriba abajo. Con cada punto se toman

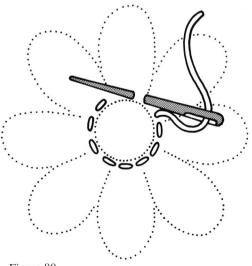

Figura 80

63

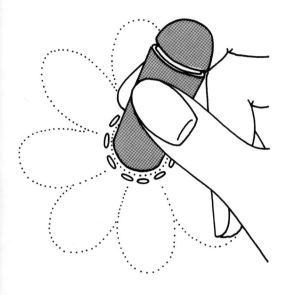

Figura 80 A

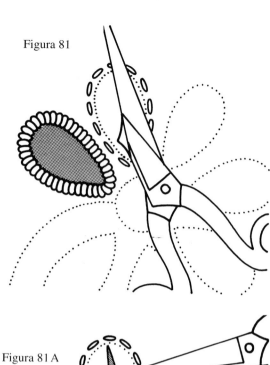

Figura 81

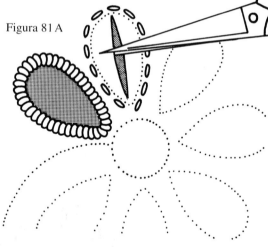

Figura 81 A

Figura 80 B

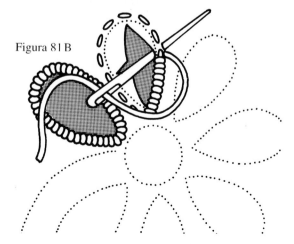

Figura 81 B

Toallas realizadas con tejido de lino con algodón para Coton-à-broder Anchor n.º 25 y aguja Milward n.º 7. Puntos: inglés, lleno y festón

Mantel pequeño cuadrado realizado con tela de lino con algodón para Coton-à-broder Anchor n.º 25 y aguja Milward n.º 7. Punto inglés

Mantel pequeño cuadrado realizado en tela de lino con algodón para Coton-à-broder Anchor n.º 25 y aguja Milward n.º 7. Puntos: de richelieu, rodas, tallo y plano en diagonal

Mantel realizado con tela de lino con algodón Muliné Anchor y algodón para Coton-à-broder Anchor n.º 30, aguja Milward n.º 7. Puntos: rodas, tallo y raso

como máximo tres o cuatro hilos de tejido, cubriendo por completo el hilván que se realizó antes (fig. 80 B).

En caso de formas en gota, los pasos a seguir serán los mismos que hemos indicado antes. Sólo cambiará el modo de perforar la tela: esta vez no se utilizará el punzón, sino unas tijeras pequeñas como las de la ilustración (figs. 81 y 81 A). Se pliega el tejido por el revés del trabajo, sujetándolo durante la realización del borde festoneado (fig. 81 B). Después hay que recortar el tejido sobrante del revés del bordado.

Punto de Pisa

El punto de Pisa se realiza también con borde festoneado, pero a diferencia del punto inglés, se puede realizar en espacios abiertos más amplios gracias a la formación de barras.

Se realiza formando un embastado con un punto hilván pequeño, de izquierda a derecha, y al llegar al punto adecuado para la barra, se clava la aguja en la parte opuesta de la basta que se acaba de realizar y se saca por debajo del margen trazado (fig. 82). Si repite este movimiento tres veces de forma alternada se obtienen tres hilos tensados en los cuales, sin coger la tela, se realiza el borde festoneado. Una vez terminada la confección de la barra, hay que proseguir con el hilván de embaste (figs. 82 A, 82 B, 82 C y 82 D). Luego se corta el tejido del centro del dibujo (fig. 82 E) y, plegando la tela por debajo (fig. 82 F), se fija el tejido sobre un trozo de fliselina con un

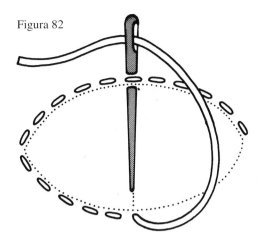

Figura 82

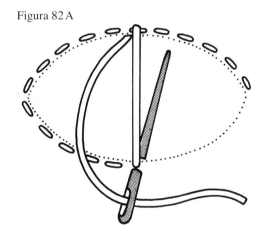

Figura 82 A

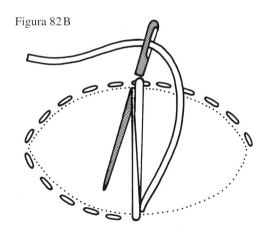

Figura 82 B

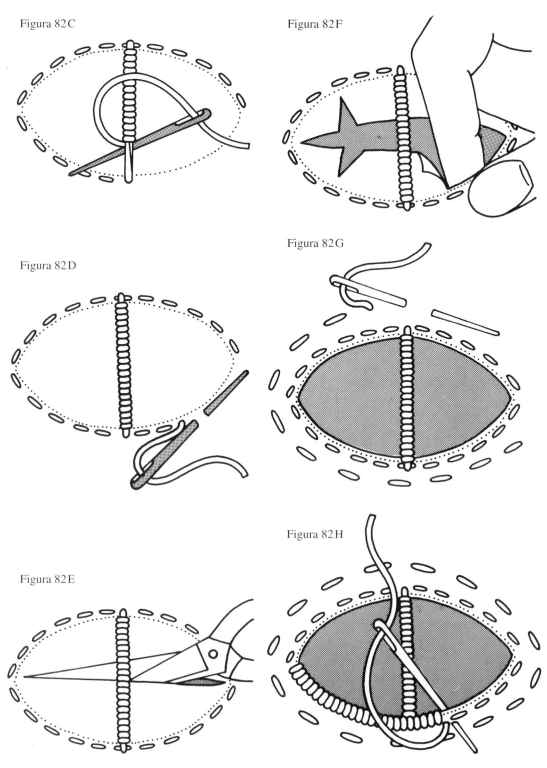

Figura 82 C

Figura 82 F

Figura 82 D

Figura 82 G

Figura 82 E

Figura 82 H

embastado rápido[1] (fig. 82 G). Se procede a realizar el borde festoneado en el contorno (fig. 82 H) y, una vez terminada la operación, se separa el tejido de la fliselina, recortando después el exceso de tela por el revés del bordado.

Punto richelieu

El bordado richelieu se realiza sólo con punto de festón. Se caracteriza por las numerosas barras que pueden tener formas variadas. Durante su confección hay que prestar mucha atención a que el agujero del punto de festón se encuentre en el interior de la parte del dibujo que se recortará una vez acabado el trabajo.

Para la correcta elaboración del bordado richelieu, antes de hacer el bordado propiamente dicho, hay que embastar el tejido dibujado sobre un trozo de fliselina, de forma que podamos disponer de un soporte bien tensado. También en este caso hay que empezar embastando los perfiles del dibujo y luego realizar las barritas, al igual que en el punto de Pisa, trabajando sobre tres hilos tensados aunque esta vez ya no hay que hacer un borde festoneado, sino un festón (figs. 83, 83 A, 83 B y 83 C). Una vez realizado el embastado y las barras necesarias (figs. 83 D y 83 E), se procede a bordar el perfil del dibujo con festón (fig. 83 F). Terminado el bordado, se separa el tejido de la fliselina y se recorta todo el contorno de la tela en el interior del trazado (fig. 83 G) con mucha atención para no recortar los agujeros del festón.

[1] Se fija el tejido sobre la tela encerada para evitar que el bordado se abra al cortar.

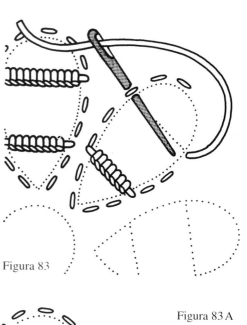

Figura 83

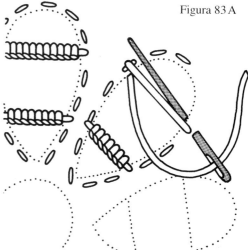

Figura 83 A

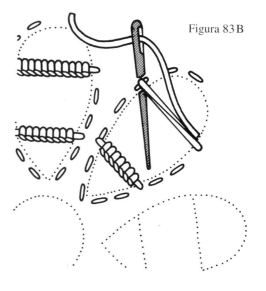

Figura 83 B

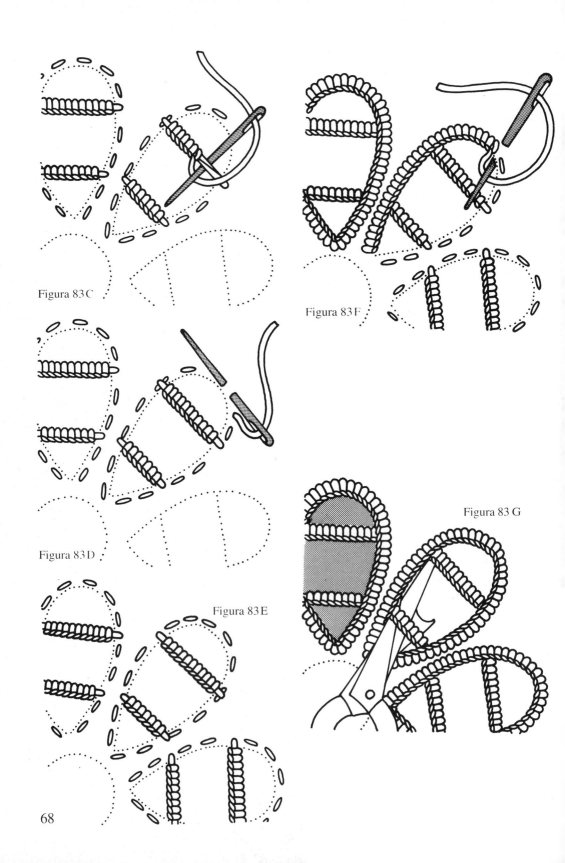

Figura 83 C

Figura 83 F

Figura 83 D

Figura 83 E

Figura 83 G

68

*Manteles individuales realiza-
dos con algodón Muliné y aguja
Milward n.º 6. Puntos: Tichelieu
y lleno.*

Detalle del bordado

Barras en forma de «Y»

Entre los tipos de barras usadas en el bordado richelieu, una de las más comunes es la de forma de «Y».

Para su elaboración hay que seguir al pie de la letra los movimientos detallados a continuación (figs. 84, 84 A, 84 B, 84 C, 84 D, 84 E, 84 F y 84 G).

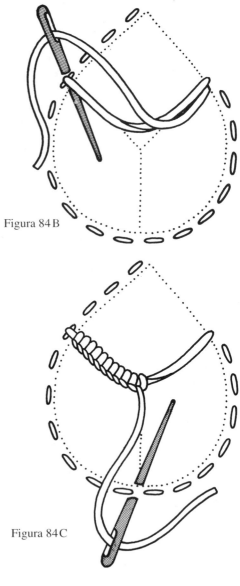

Figura 84 B

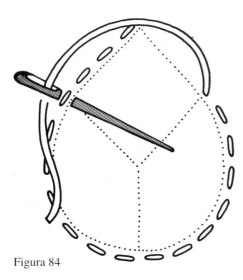

Figura 84

Figura 84 A

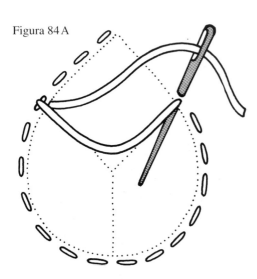

Figura 84 C

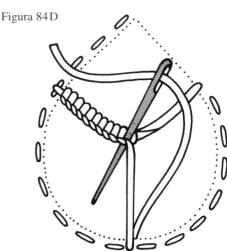

Figura 84 D

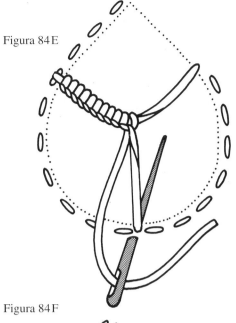

Figura 84 E

Figura 84 F

Bridas de unión

Otra utilización particular de las bridas son las llamadas *bridas de unión*. Pueden realizarse conservando, o no, el tejido en el centro. En el caso de que se quiera conservar el tejido en el centro, las bridas de unión se realizarán durante su embastado y con los movimientos descritos en la secuencia detallada en las figuras 85, 85 A, 85 B, 85 C y 85 D. Una vez terminadas las bridas, se procede a perfilar con punto de festón la parte central del círculo (fig. 85 E) y el contorno exterior del dibujo (fig. 85 F). Se recorta después la tela que quede debajo de las barras.

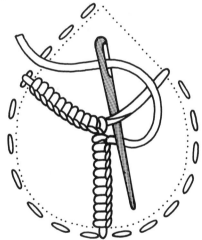

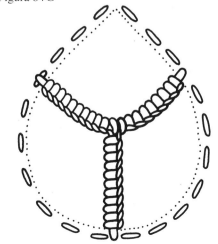

Figura 84 G

Figura 85

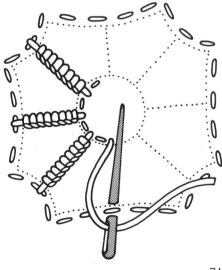

71

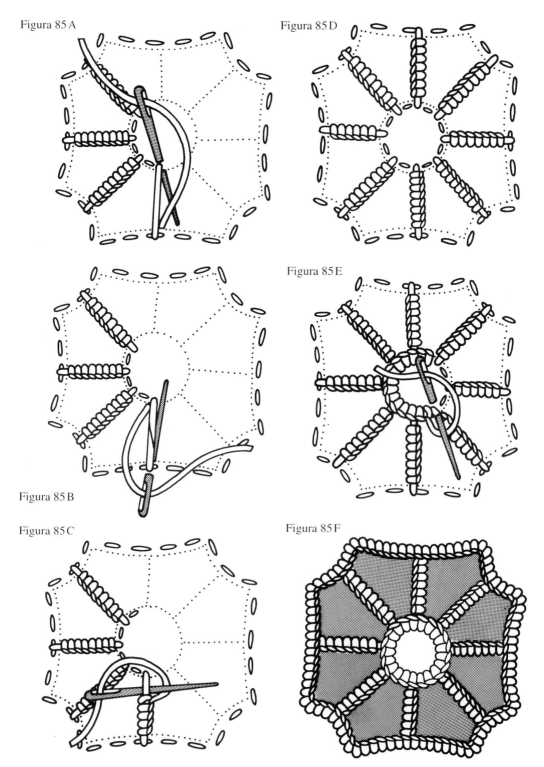

Figura 85 A

Figura 85 D

Figura 85 E

Figura 85 B

Figura 85 C

Figura 85 F

72

En cambio, el centro agujereado se realiza enrollando el hilo usado para el bordado en una aguja de tejer o en un lápiz (depende de la anchura que deba tener el agujero), hasta formar un agujero, que se debe sujetar con dos puntos de festón (figs. 86 y 86 A). Sujetar el centro que se ha de bordar con el dedo pulgar y proceder a la elaboración de las bridas de unión, prestando atención en no coger el tejido. Este procedimiento se describe en las ilustraciones de las figuras 86 C, 86 D, 86 E y 86 F. Una vez completado todo el festón del contorno, se recortará la tela que hay debajo del círculo central.

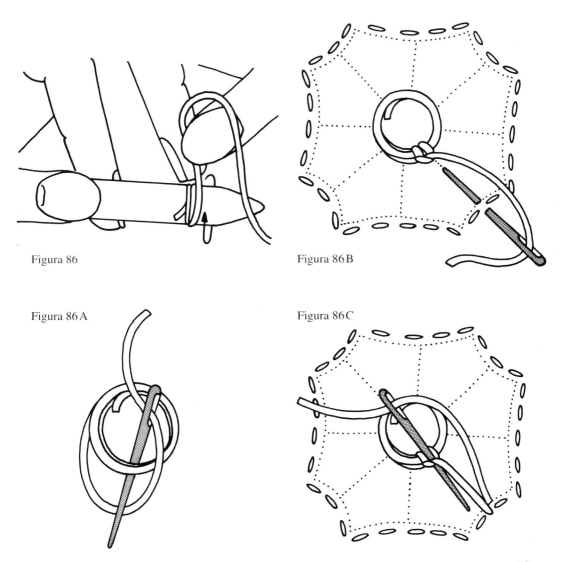

Figura 86

Figura 86 B

Figura 86 A

Figura 86 C

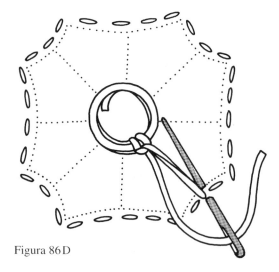

Figura 86 D

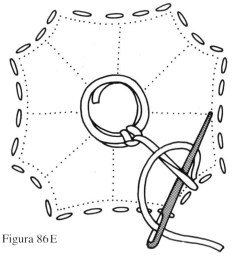

Figura 86 E

Figura 86 F

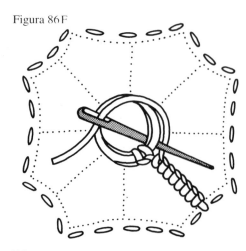

Consejos y ejemplos útiles de realización

Para la realización de estos puntos también será conveniente usar una aguja muy puntiaguda y más bien fina.

Los dibujos comercializados para este tipo de bordados siempre indican las partes del tejido que hay que recortar con un punteado discontinuo o con una «X».

Debido al gran contraste entre rellenos y vacíos, característica dominante de los puntos descritos, estos bordados serán igualmente apreciados incluso si se realizan con hilo del mismo color que la tela. Sin embargo, si quiere dar mayor efecto pictórico a este tipo de bordados se pueden utilizar varios colores.

Para cortar la tela hay que usar tijeras de pequeñas dimensiones, puntiagudas y siempre muy afiladas, de esta forma se facilita la entrada de las tijeras en el tejido bajo las barras de unión y el corte es preciso y limpio.

La fliselina, usada con frecuencia para los encajes, se puede encontrar en las mercerías y tiendas especializadas. Suele ser de color verde y con una ligera plasticidad que le da una particular solidez necesaria para su uso.

Para terminar este capítulo, se proponen dos dibujos a escala realizados expresamente para ejecutar los puntos que acabamos de describir.

El primer dibujo (fig. 87) ha sido creado para una cortina de ventana y se puede realizar con punto inglés, punto de tallo, punto de sombra y punto plano. Los bordes se realizarán con punto de festón. Es necesaria una tela de lino blanco de consistencia ligera, de 45 cm

Figura 87

Figura 88

de ancho y el largo que sea necesario. Los hilos utilizados serán de Muliné de cuatro hilos blanco 1. Debido a que se colocará para decorar la ventana, el bordado se verá resaltado por la luz que lo atravesará, sin necesitar decoraciones de color.

El segundo dibujo (fig. 88) está realizado para el punto richelieu y servirá para decorar un cojín de cama. Se usa lino más bien denso, de 45×45 cm y de color rosa. Los hilos Muliné utilizados serán verde 208 y 210 para las hojas, blanco 1 y azul 121 para las flores. Además sería necesario disponer de la misma tela, de idénticas medidas, para confeccionar la parte trasera del cojín, una vez terminado el bordado.

Puntos de hilos contados

Los puntos de bordado llamado de *hilos contados*, con excelentes características de acabado, reciben esa denominación porque para su elaboración hay que contar con sumo cuidado los hilos de trama y urdimbre del tejido en el que se realizan. Se reconocerán con facilidad por los amplios espacios abiertos que se formarán gracias al deshilado que siempre se realiza en el tejido. Los puntos que los representan son: el punto noruego y la vainica.

Punto noruego

Al igual que la mayoría de puntos de bordado, el noruego, a pesar de su nombre, tiene sus orígenes en Oriente.

Está formado por típicos cuadros realizados con punto pasado plano, tanto en sentido vertical como horizontal, que dan origen a motivos que suelen tener forma cuadrada. En un segundo tiempo, se deshilará la trama y la urdimbre de su interior sólo en los puntos en los que dichos cuadros lo permitan ya que hay que evitar que el tejido se deshilache.

Una vez realizado el deshilado, se procede a su bordado con la técnica de grupos tejidos sencillos o con la de grupos acordonados simple, mientras que en los cuadros que están vacíos, es decir, donde no hay hilos de trama ni de urdimbre, se pueden realizar varios tipos de nudos.

Para el punto noruego, se realizarán todos los cuadros exteriores en el sentido de las agujas del reloj. En el caso ilustrado, cada cuadro está formado por cinco puntos largos a lo ancho y seis de tejido a lo alto.

Los cuadros se bordan de izquierda a derecha, clavando la aguja verticalmente de arriba abajo.

Durante la elaboración, hay que pasar de un cuadro en sentido vertical a otro en sentido horizontal o viceversa, tal y como muestran los movimientos ilustrados en los dibujos (figs. 89, 89 A y 89 B).

Una vez terminado el motivo a cuadros, se procede a recortar y deshilar los hilos de trama y urdimbre en los puntos en los que la disposición de los cuadros lo consienta (fig. 89 C). Cuando se haya acabado con esta operación, se bordan todos los hilos tensos horizontales y verticales con punto de grupos acordonados simples, de izquierda a derecha (fig. 89 D) o con punto de grupos

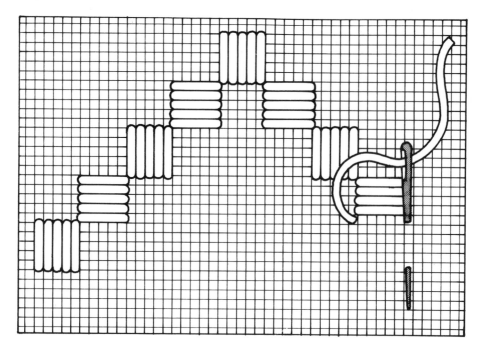

Figura 89

Figura 89 A

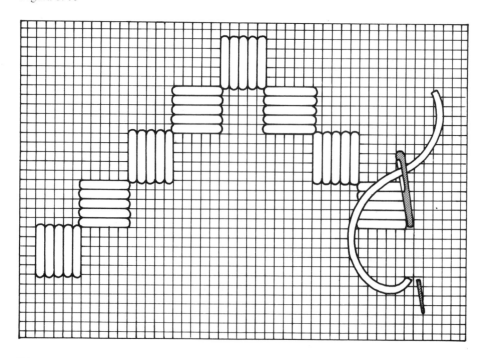

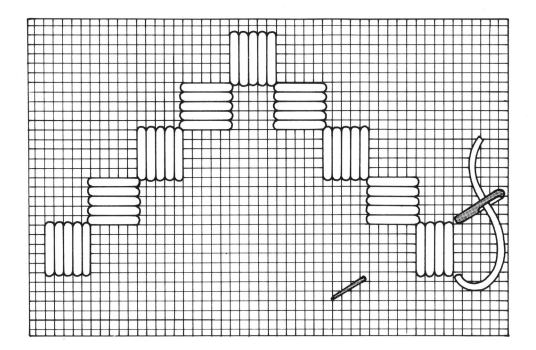

Figura 89 B

Figura 89 C

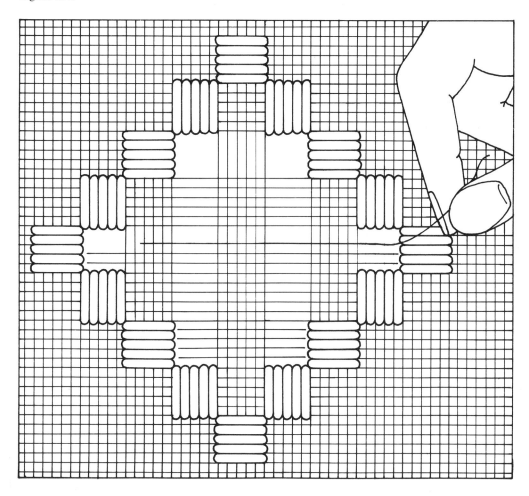

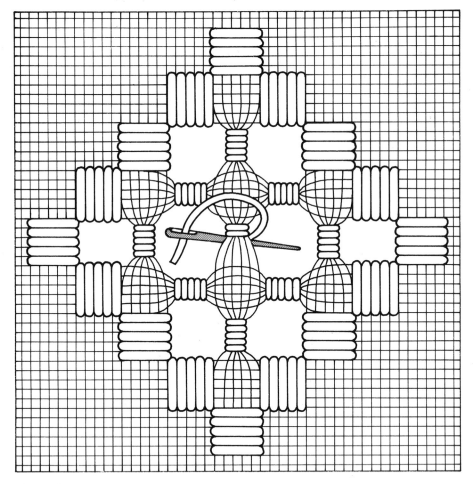

Figura 89 D

Figura 90

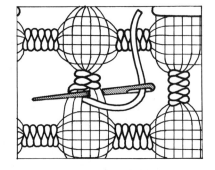

tejidos sencillos, también de izquierda
a derecha (fig. 90). Para llegar de un
deshilado a otro, basta con pasar por
debajo de cada cuadro de tela, metiendo el hilo de bordar entre los hilos de
trama.

80

Mantel pequeño cuadrado realizado en tela de Asís con algodón Perlé Anchor n.º 8 y aguja Milward n.º 29. Puntos: bordado de Hardanguer

Funda de álbum realizada con tejido de lino de trama gruesa con algodón Muliné Anchor y aguja Milward n.º 6. Puntos: lleno, raso, plano y tallo

Mantel rectangular para compromisos socia-les realizado con algodón Muliné Anchor y aguja Milward n.º 20. Puntos: cordoncillo y plano

Detalle del bordado

Cuadro para habitación infantil realizado con algodón Muliné Anchor y aguja Milward n.º 6. Puntos: nudo francés, matiz y tallo

Detalle del bordado

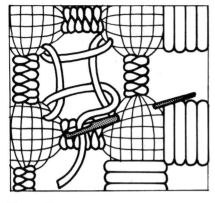

Figura 91

Figura 92

Punto de espíritu

Los cuadros que no tienen trama serán acabados y completados con las uniones antes citadas, realizadas con punto de espíritu oblicuo descrito en el dibujo de la figura 91, o con el punto de espíritu recto también ilustrado en la figura 92.

Vainica

La vainica también es un bordado de hilos contados y de deshilado, a pesar

de que, a diferencia del noruego, se realiza sólo en los bordes verticales y horizontales, sin antes realizar los cuadros de punto pasado plano. La vainica es muy adecuada para hacer los acabados y sujetar los contornos de las piezas de lencería y ropa blanca.

Vainica simple

La vainica simple se realiza en el revés del trabajo y bordando de izquierda a derecha. Después de haber deshilado

Figura 93

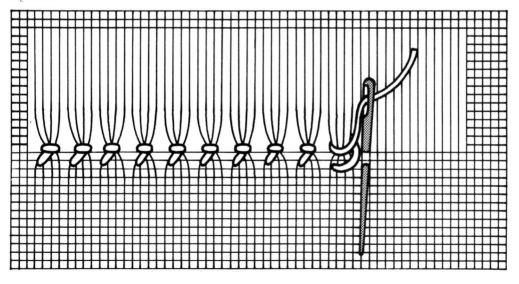

los hilos del tejido en horizontal, a la altura deseada, se empieza el bordado cogiendo en cada movimiento tres o más hilos verticales del mismo tejido. Se clava la aguja de derecha a izquierda y de forma oblicua, cogiendo el número de hilos elegido. Se pasa la aguja por debajo de los mismos y se clava verticalmente de arriba abajo, cogiendo dos o tres hilos de tela (fig. 93). Se repite el proceso desde el primer movimiento hasta terminar el bordado.

Vainica doble

La vainica doble también llamada *de columnas*, se realiza como se ha descri-

to antes, la única diferencia reside en que se repite el bordado de vainica simple en la parte superior del deshilado, de forma que se obtienen haces de hilos tensos reagrupados (fig. 94).

Vainica en zigzag

Este punto se realiza en uno de los lados del deshilado con el punto de vainica simple, cogiendo en cada punto un número par de hilos. Se da la vuelta al trabajo y se borda siempre con la vainica simple la otra parte del deshilado, esta vez cogiendo la mitad de una columna y la mitad de la columna siguiente, de forma que se pueda obtener el típico movimiento de intercambio (fig. 95).

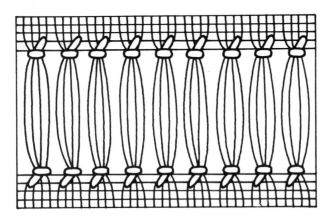

Figura 94

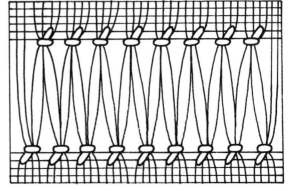

Figura 95

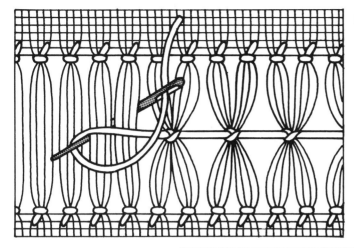

Figura 96

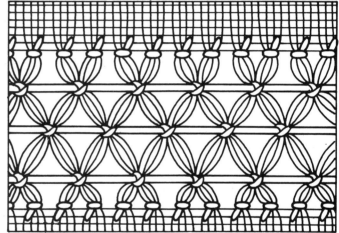

Figura 97

Vainica anudada

El punto anudado se obtiene haciendo las dos filas de vainica simple en el revés del trabajo, al igual que la vainica en zigzag. Se da la vuelta al trabajo y se borda de esta forma en la parte derecha y de derecha a izquierda, anudando, como se indica en el dibujo de la fig. 96, dos o más haces de hilos. Se tensa bien la hebra, de forma que las columnas queden perfectamente fijadas entre sí. Los nudos deberán encontrarse en la mitad exacta del deshilado.

Vainica con nudos en zigzag

Esta variante de la vainica también recibe el nombre de *punto de jazmín*. Se basa en dos hileras de vainica simple y en el punto de bordado con nudos, bordado por el derecho del trabajo. Este último punto deber realizarse en varias hileras, de abajo arriba y tomando con la aguja la mitad de los haces de hilos, como para la vainica en zigzag. En este caso también las columnas estarán compuestas por un número par de hilos (fig. 97). Se repiten los movimientos,

83

siempre de derecha a izquierda, teniendo en cuenta que, en este caso, el deshilado deberá tener más altura que los anteriores para que el bordado quede más destacado.

Vainica con cruzado sencillo de las bridas

Para este punto la altura no puede ser inferior a 1 cm y, tras haber realizado en el revés las dos hileras de vainica simple, se hace pasar la aguja por el centro de cada dos haces de hilos en la parte derecha del trabajo. El movimiento se realizará de derecha a izquierda y en sentido alterno como se describe en el dibujo de la figura 98.

Punto de grupos tejidos sencillo

Otra variante de la vainica consiste en unir varias columnas de hilos del tejido entre sí, mediante la realización del punto de grupos tejidos sencillo, usado antes para el bordado del punto noruego.

Siempre se realiza en el derecho del trabajo y tras haber realizado dos vueltas de vainica sencilla en el revés del bordado. Se ha de bordar en sentido horizontal respecto a los hilos de trama verticales, y de izquierda a derecha. Se coge con la aguja un número par de columnas de forma que la aguja siempre salga por la mitad de los haces formados (fig. 99). Una vez terminada la cobertura de dichos haces de hilos, se corta el hilo de bordar tras haberlo pasado por el interior de los puntos de grupos tejidos que se acaban de hacer.

Figura 99

Figura 98

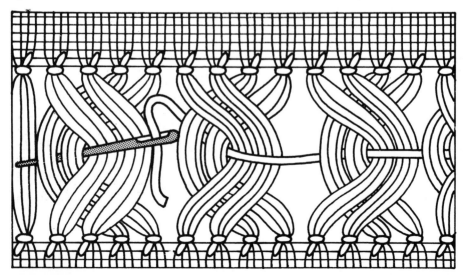

Punto de grupos acordonados simples

También se pueden unir los hilos verticales del deshilado con este punto. En este caso, no se necesita realizar la vainica sencilla de base, el punto de grupos acordonados simples será suficiente para sujetar de forma adecuada todos los hilos de trama del deshilado.

Este punto se puede realizar de dos formas distintas. La primera se realiza de arriba abajo y de abajo arriba, es decir en pasadas de ida y vuelta tomando con cada punto tres hilos a la vez. Se inicia siempre por la parte derecha del trabajo y de derecha a izquierda (fig. 100). Para la segunda forma, en un primer movimiento de la aguja se cogen seis hilos de tejido introduciéndolos verticalmente y de arriba abajo.

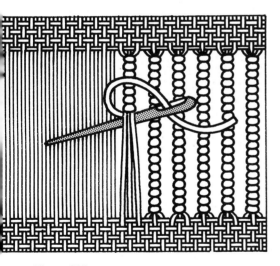

Figura 100

En el segundo movimiento, la elaboración continuará con el punto sencillo tejiendo sólo con tres hilos. Una vez alcanzada la parte inferior de los tres hilos verticales, con el último movimiento de punto de grupos tejidos sencillo,

se toman los seis hilos de tejido, incluidos los tres que acabamos de cubrir. Se continúa trabajando hacia arriba, pero esta vez sólo con tres hilos (fig. 101).

Figura 101

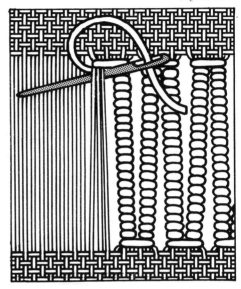

Punto de cuadros

El punto de cuadros se realiza deshilachando un hilo del tejido, saltando cinco o seis y quitando un segundo. Se realizará en la parte derecha del trabajo y de derecha a izquierda. Con un punto horizontal se cogen cinco hilos de tejido en la parte del deshilado superior (fig. 102).

Figura 102

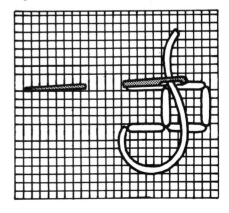

Manteles pequeños cuadrados bordados en cruzadillo de lino con algodón para Coton-à-broder Anchor n.º 25 y aguja Milward n.º 7. Puntos: cenefas con vainica, vainica con haces anudados, cuadrado deshilado, haces con puntos de festón y haces cruzados

Se pasa la aguja por el revés del trabajo, oblicuamente hacia la izquierda y luego se saca por el deshilado inferior, saltando siempre cinco hilos de tejido (fig. 102 A). Se realiza otro punto horizontal hacia atrás, tomando siempre cinco hilos de tejido (fig. 102 B) y se vuelve a repetir la operación desde el primer movimiento hasta el tercero tantas veces como lo exija la longitud del bordado.

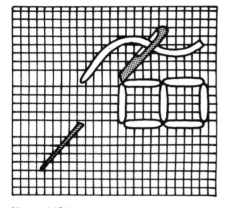

Figura 102 A

Figura 102 B

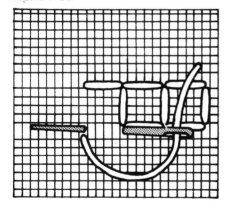

Punto de encaje con nudos

Este punto se realiza deshilando un hilo de tejido, saltando tres, deshilando siete u ocho, dejando tres y tomando otro más.

Por la parte derecha, se realiza la primera hilera de puntos cuadrados, de derecha a izquierda, en el deshilado superior. Después, se pasa a trabajar en la hilera inferior de punto de cuadro y, durante la formación del punto horizontal superior, se anudan los haces de hilos de dos en dos del siguiente modo: al elaborar el segundo punto de cuadros se cogen con la aguja, pasando por detrás, los dos hilos verticales de la segunda columna; se inserta la aguja oblicuamente detrás de los dos haces de hilos verticales (fig. 103). Posteriormente, se pasa la aguja y, de

Figura 103

Figura 103 A

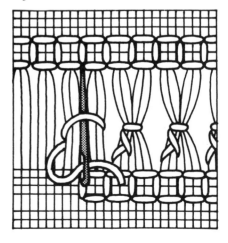

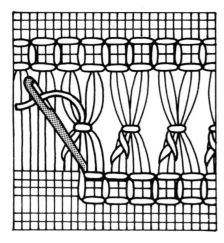

Figura 103 B

abajo arriba, se introduce por debajo y por el centro del agujero que se acaba de formar (fig. 103 A). Volver de nuevo a llevar la aguja por debajo, siguiendo la elaboración del punto de cuadro con el movimiento oblicuo en el revés del trabajo descrito (fig. 103 B).

Consejos y ejemplos útiles de realización

En los bordados de hilos contados no existe el dibujo detallado sobre el tejido con el que podríamos guiarnos durante las diversas fases de la labor. Si bien, para bordar el punto noruego, hay que guiarse por un esquema dibujado en una hoja cuadriculada (o milimetrada) donde cada fila horizontal o vertical corresponda a un hilo del tejido.

Para trasladar el dibujo sobre la tela es absolutamente necesario encontrar el centro de la misma y a partir de este punto realizar dos líneas, una vertical y la otra horizontal, que correspondan exactamente a la trama y la urdimbre, que se embastará con una hilvanada rápida. Empezando por el centro, se contarán todos los hilos necesarios para formar los motivos del bordado, comparándolos con la cuadrícula dibujada en papel. Una vez determinado el tamaño de todo el dibujo, se puede empezar el bordado de los cuadros de perímetro con punto plano, comenzando desde el centro y siguiendo hacia el exterior.

En cambio, la vainica se marcará con algunas «manchas» al principio y al final de cada hilera, con lo que se sabrá la longitud de los hilos que hay que coger durante la operación de deshilado. Este punto puede enriquecerse con otros puntos de bordado de distinto género que se dibujarán en la tela tal como se ha explicado durante el capítulo «Dibujos y técnicas de transferencia», sin olvidar que hay que realizar siempre esos bordados antes de deshilar el tejido para la vainica.

Una vez establecida la longitud y la altura de las hileras que se quieren realizar, hay que delimitar su perímetro con un embastado (fig. 104). Con unas tijeras de puntas afiladas se cortarán los hilos horizontales del tejido exactamente en el centro del espacio delimitado por el embastado (fig. 104 A). Tras haber cortado con cuidado los hilos, hay que deshilarlos con la ayuda de un alfiler fino por uno de los laterales de la zona que hay que bordar (fig. 104 B).

Para sujetar cada hilo deshilado, basta con enhebrarlo en una aguja y, con movimientos alternos (arriba y abajo), se teje en los hilos de trama laterales en el exterior de la zona que hay que bordar.

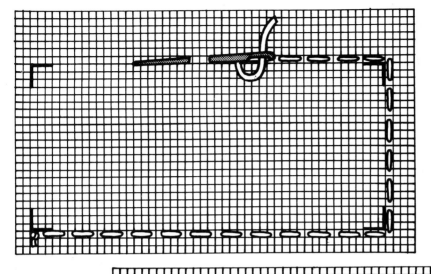

Figura 104

Figura 104 A

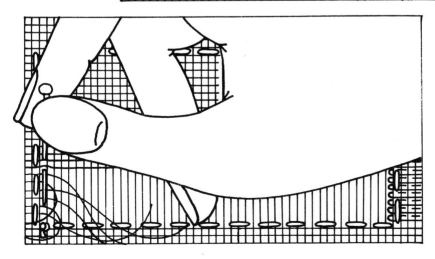

Figura 104 B

89

En los acabados de las esquinas, se fijan todos los hilos verticales y horizontales como se ha descrito antes (fig. 105). Luego, se bordan con un festón denso los dos lados del ángulo exterior de la zona que hay que bordar (fig. 105 A). Una vez terminado el festón, se recortan con cuidado los hilos que cuelgan de la trama deshilada (fig. 105 B). Cada esquina terminada de esta forma podrá decorarse con uniones realizadas con punto de espíritu o con un cordoncillo.

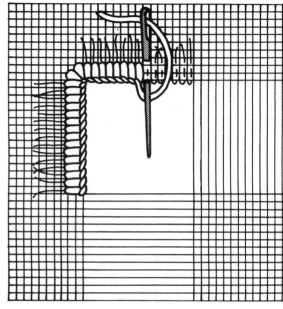

Figura 105 A

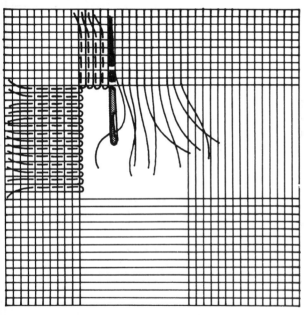

Figura 105

Figura 105 B

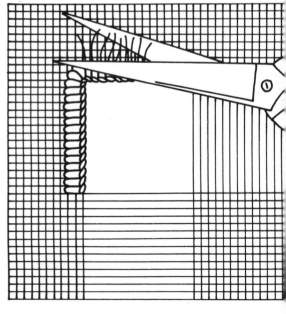

En el primer caso, se empieza a bordar por el centro del lado izquierdo, metiendo y sacando la aguja por los agujeros formados por el festón. Posteriormente, se clava la aguja en el centro del lado superior, formando así un segundo punto. Se termina la unión entrando y saliendo después de dos hilos horizontales y verticales del lado derecho y del lado inferior del ángulo (fig. 106). Rematar el hilo en el punto de festón central del lado izquierdo.

En el segundo caso, la unión se realizará haciendo barras y después cubriéndolas con el borde festoneado. Se empieza por el ángulo superior izquierdo y, pasando la aguja de arriba abajo, dirigiéndose hacia el ángulo derecho inferior (fig. 107).

Se repite este movimiento hacia delante y hacia atrás las veces necesarias para obtener tres hilos bien tensos, que formarán la diagonal del ángulo (figs. 107 A y 107 B). Luego se cubren los hilos tejidos de esta forma con un denso cordoncillo y con movimientos de izquierda a derecha (fig. 107 C).

Una vez terminada la primera barra con el cordoncillo, pasando por debajo

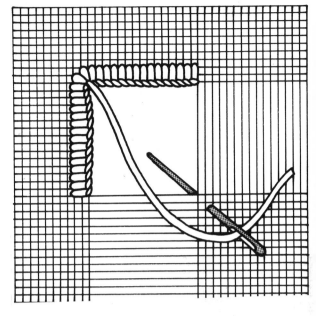

Figura 107

Figura 106

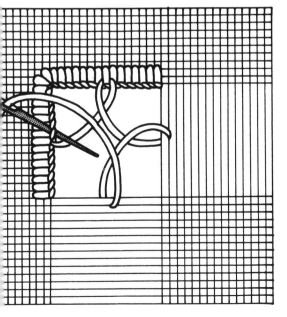

Figura 107 A

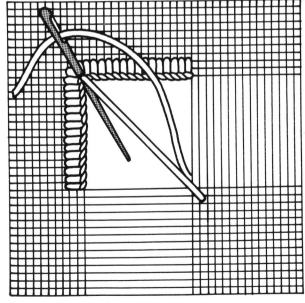

91

de los puntos de festón del margen izquierdo, se alcanza el ángulo inferior izquierdo.

Se clava la aguja verticalmente y de arriba hacia abajo en el ángulo superior derecho (fig. 107 D), repitiendo este movimiento hacia delante y hacia atrás tres veces como para la primera barra. De esta forma se obtienen tres hilos tensados que formarán otra diagonal del ángulo. Una vez más, se procede a cubrir los hilos con los puntos de cordoncillo trabajando de izquierda a derecha. Sin embargo, cuando se alcance el punto de intersección de las diagonales habrá que unirlas entre sí con movimientos rotatorios de la aguja en el sentido contrario de las agujas del reloj, alternando el bordado por encima y por debajo de los hilos tensados (fig. 107 E).

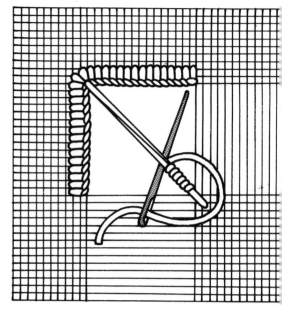

Figura 107 C

Figura 107 B

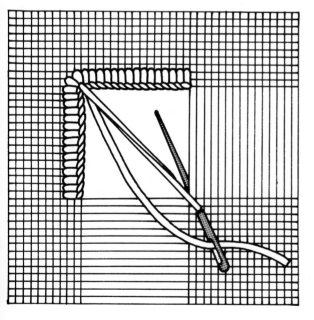

Figura 107 D

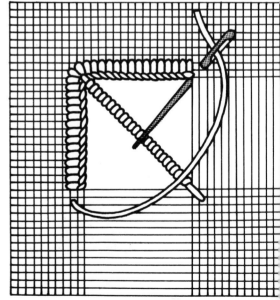

92

Una vez se hayan dado dos o tres vueltas completas, se continúan cubriendo
con cordoncillo los hilos que permanecen
descubiertos de la diagonal (fig. 107F).

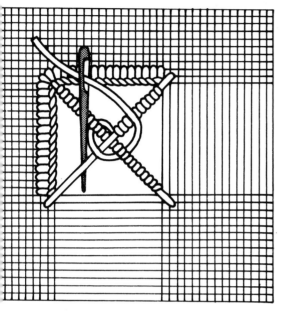

Figura 107E

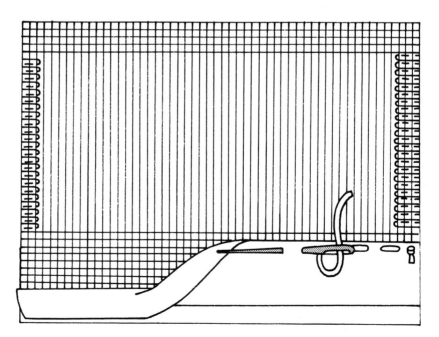

Figura 107F

Figura 108

Hay que fijar el hilo en el revés de la labor pasando bajo los puntos de festón del lado izquierdo de la esquina.

Como ya hemos apuntado antes, los puntos de hilos contados permiten decorar piezas de ropa blanca (sábanas, cortinas ...). El método más usado para ello consiste en preparar una cenefa deshilada a una distancia del margen del tejido de unos 10 cm más 5 mm de forma que se pueda plegar la tela hacia el revés del trabajo, primero a 5 mm de altura y después a la mitad de los 10 cm. De esta manera se formará un dobladillo de 5 cm. La única precaución que hay que tener es hacerlo de manera que el motivo plegado de esta forma se encuentre bajo el deshilado. Para definir mejor la distancia diremos que entre el dobladillo y el deshilado debe haber un solo hilo de trama.

Se prosigue el embastado con un hilvanado rápido del dobladillo, fijándolo al tejido que tiene debajo (fig. 108). Una vez terminado el embastado, se borda el perfil deshilado por el revés de la labor con vainica fijando con el punto vertical el deshilado y el dobladillo, tal como se ha descrito en el capítulo de la vainica.

Se obtiene otro acabado muy gracioso con una cenefa realizada con una fila de punto de cuadro. Conviene hacer este punto de bordado a una distancia de unos 3 o 4 cm del margen de la tela para, una vez terminado el bordado, deshilar uno por uno todos los hilos horizontales del tejido presentes entre el punto de cuadro y el margen exterior de la tela (fig. 109). Cuando finaliza el deshilado, se hacen los acabados del flequillo obtenido cortándolo a la misma altura con unas tijeras afiladas (fig. 109 A).

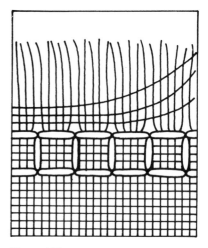

Figura 109

Figura 109A

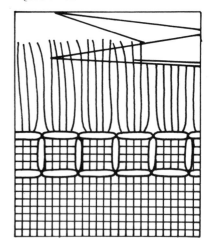

Parte de las dificultades de la decoración de las esquinas se pueden obviar siguiendo con atención todos los pasos necesarios que están ilustrados a continuación. Se prepara el dobladillo tal como hemos indicado antes, es decir, calculando los deshilados de la esquina a una distancia de dos márgenes del tejido de 5 cm + 5 cm + 5 mm. Se pueden marcar estas distancias con un embastado (fig. 110) o plegando antes la esquina siguiendo la línea de los 5 mm y después la de los 5 cm, acentuando los pliegues con la plancha.

Después, se corta cada esquina del te- jido en diagonal y en el punto indicado con trazo (fig. 110). Se vuelve a plegar el dobladillo siguiendo las líneas de las bastas como se ilustra en las figuras 110 A y

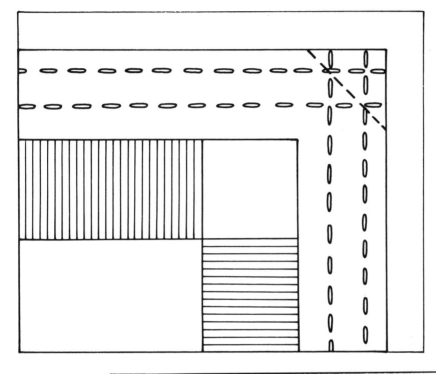

Figura 110

Figura 110 A

110B y se fija con unos cuantos puntos de hilván.

Ahora hay que fijar el dobladillo con un pespunte compacto (fig. 110B) o con una vainica en los lados, donde lo permita el deshilado (fig. 111). El pespunte también se usará en la esquina donde no haya trama.

Figura 110B

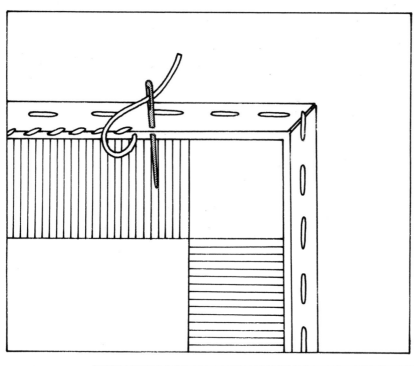

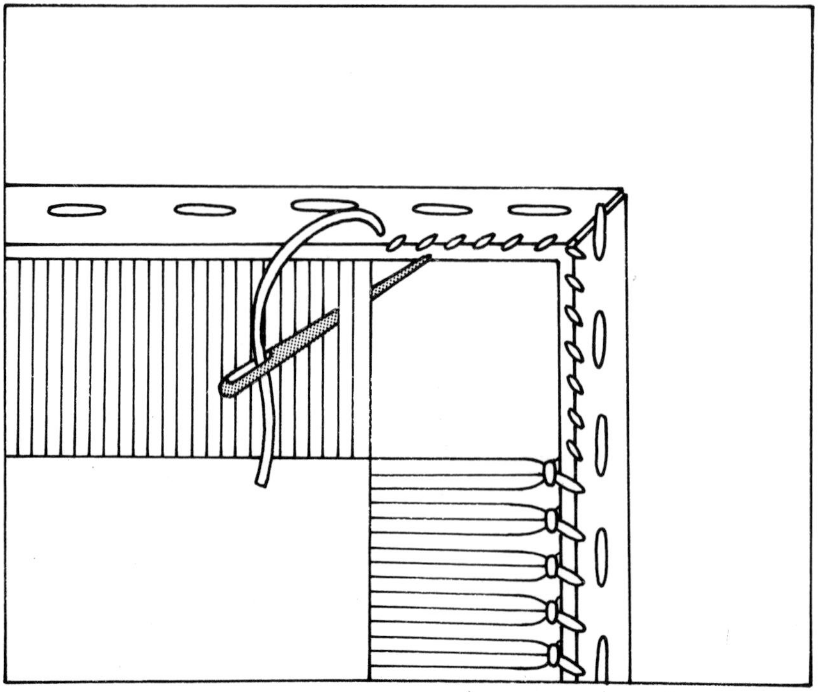

Figura 111

*Centro de mesa oval realizado en tela de lino con algodón Muliné Anchor y algodón Perlé Anchor n.º 8
y aguja Milward n.º 6. Puntos: plano, raso, tallo lleno y festón*

Mantel pequeño cuadrado bordado en tela de lino, algodón Muliné Anchor y aguja Milward n.º 7. Puntos: nudo francés, tallo, raso y turco

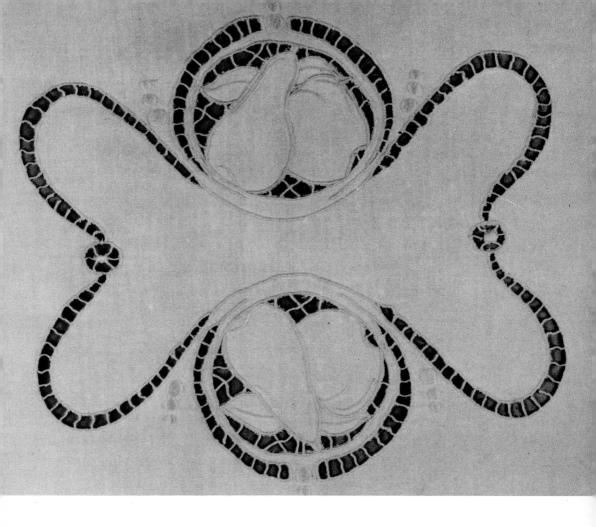

Diseño para mantel o cortinas realizado con algodón Perlé Anchor y aguja Milward n.º 6. Puntos: pisa y richelieu

Detalle del bordado

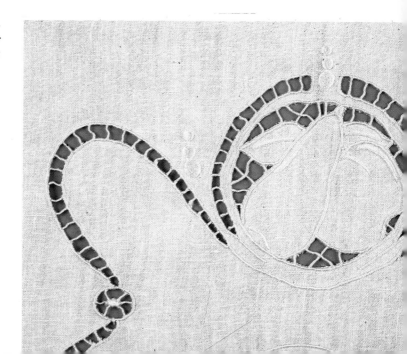

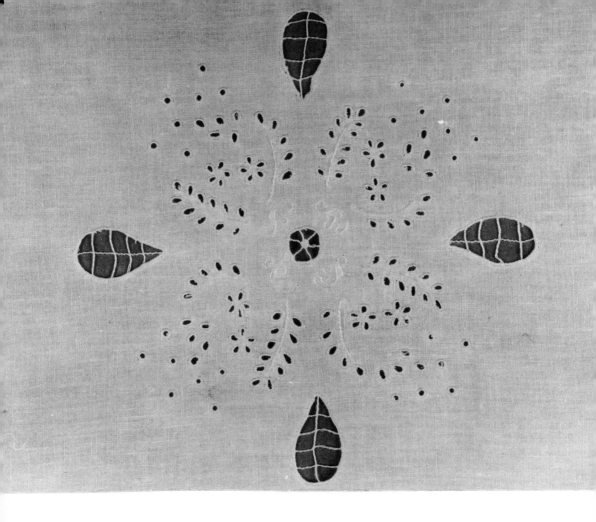

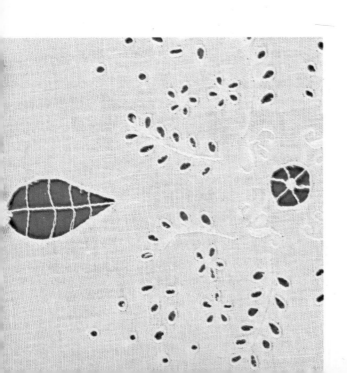

Diseño para mantel o cortinas realizado con algodón Perlé Anchor y aguja Milward n.º 6. Puntos: pisa e inglés

Detalle del bordado

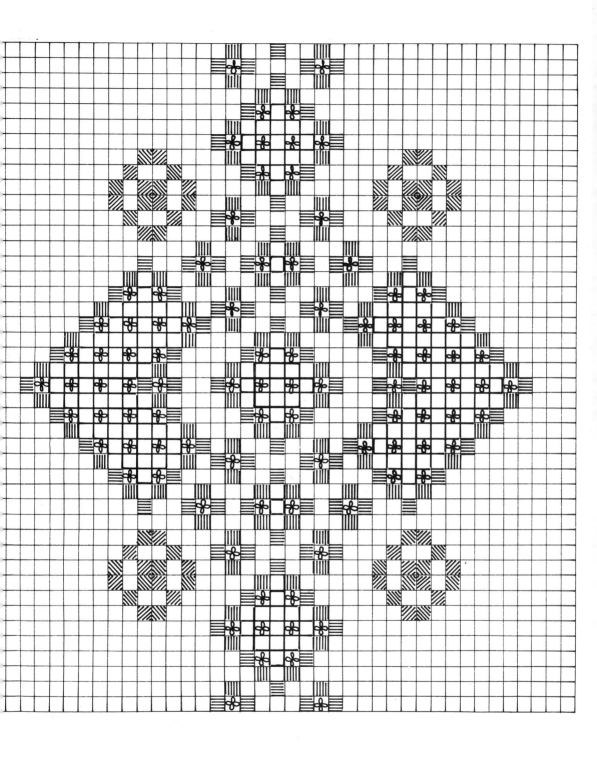

Figura 112

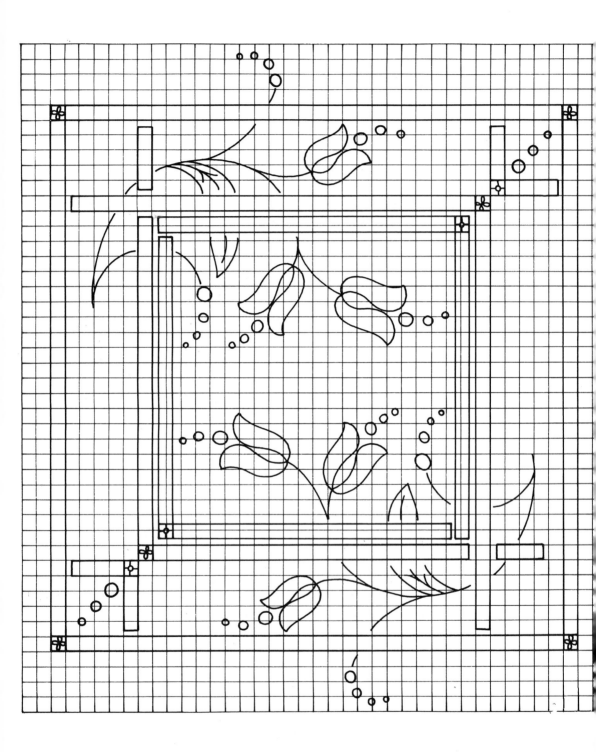

Figura 113

98

El buen nivel de habilidad, que sin duda habrá adquirido, se puede poner a prueba con la realización de los bordados ilustrados en los dibujos a escala de las páginas precedentes. El primero (fig. 112) ha sido estudiado para el punto noruego y es adecuado para decorar un mantel rectangular o un par de cortinas. El segundo (fig. 113) se borda con vainica pero, antes, todos los motivos florales se han de hacer con puntos de bordado de libre elección. Este último ha sido creado como motivo central de decoración de un refinado mantel cuadrado.

Para bordar las cortinas o el mantel rectangular es necesario disponer de un trozo de tela de lino de color marfil o blanca, de trama muy regular y de 180×280 cm en el caso del mantel, y de 45 cm $\times$ la altura necesaria en el caso de la cortina. El bordado se realizará con algodón de color de la calidad Perlé n.º 8.

Hay que tener presente que cada cuadro de punto plano será, a tamaño natural, de 1×1 cm. Por ello, antes de empezar el bordado, es necesario contar cuántos hilos de ancho y cuántos de largo están comprendidos en dicho cuadro. Después, hay que multiplicar los hilos contados por todos los cuadros, a lo largo y a lo ancho, que formarán el motivo central completo.

En el caso de que se quiera realizar el mantel cuadrado con vainica, se necesita un trozo de tela de color rosa claro de lino de trama muy regular y con una media de 180×180 cm. El algodón que hay que utilizar es el siguiente: para la vainica Coton-à-broder n.º 25 de color rosa 24 y para el bordado flo-ral el Muliné de seis hilos de color verde 108, verde 205, rosa oscuro 77 y amarillo 295.

Smock: el punto más rizado

El punto *smock* tiene como principal característica la de rizar el tejido además de decorar de una forma sugestiva, cualidad que comparte con el resto de puntos de bordado. Debido a esta propiedad de rizar, para su confección se necesita una tela que mida tres veces la medida que queramos obtener.

Se aconseja bordar el punto *smock* en telas más bien ligeras como puede ser la batista, el algodón o tejidos de lana muy finos y suaves que permitirán de este modo dar mayor elasticidad al bordado.

Este punto tiene un gran renombre gracias a su frecuente utilización para la ropa del recién nacido, quizá por esa calidad menuda y ligera que lo distingue y le confiere aceptación universal.

Para poder hacer el punto *smock* a la perfección necesitará ejecutar un trazo preciso y claro en el tejido, realizado con puntos marcados a una distancia horizontal entre sí de 5 mm y vertical de 1 cm.

Este marcado con puntos permite embastar la tela con hilvanadas que cubrirán los puntos de los que después habrá que tirar para dar lugar al típico rizado en el que después se bordarán los puntos que describimos a continuación.

Punto de tallo con hilo por encima

El punto de tallo con el hilo por encima, se realiza de izquierda a derecha y con el mismo movimiento que el punto de tallo que ya hemos explicado en el capítulo dedicado a los puntos lineales. Las únicas diferencias son que al salir el hilo no se llevará por debajo, sino que permanecerá arriba y que el movimiento de la aguja no cogerá un cierto número de hilos, sino todo un pequeño trozo del tejido (fig. 114).

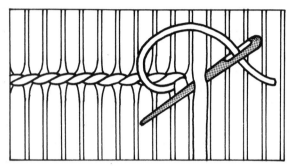

Figura 114

Punto de tallo con hilo por debajo

El punto de tallo con el hilo por debajo es idéntico al anterior, la única diferencia es que a la salida el hilo estará debajo de la aguja (fig. 115), al igual

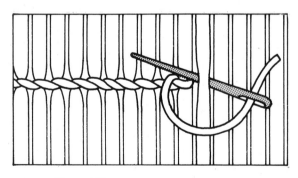

Figura 115

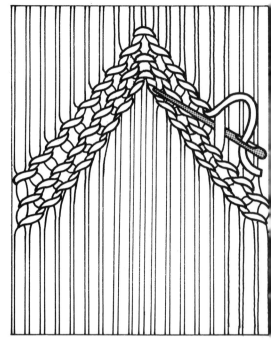

Figura 116

que el punto de tallo lineal. Estos dos puntos de bordado pueden unirse en dos hileras y tener un movimiento ascendente y descendente en los rizos del tejido, con un agradable motivo en zigzag (fig. 116).

Punto cadena

El punto cadena se realiza con movimientos de izquierda a derecha. Con el hilo por debajo, se clava la aguja de derecha a izquierda en el primer pliegue del tejido (fig. 117) tirando de la hebra. Cuando la aguja esté fuera, se saca el hilo por arriba y se vuelve a clavar, de derecha a izquierda, en el segundo pliegue del tejido, formando el punto largo por encima del que se acaba de realizar. Se tira de la aguja y se repite el movimiento (fig. 117 A).

100

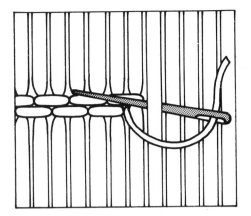

Figura 117

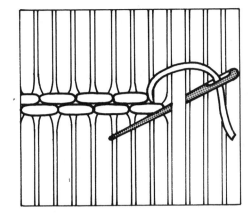

Figura 117A

Punto de nido de abeja

El nido de abeja se realiza de izquierda a derecha. Se entra con la aguja de izquierda a derecha, cogiendo los dos primeros pliegues del tejido (fig. 118). Se forma otro punto como el que acabamos de describir, pero haciendo salir la aguja por debajo y por el lado izquierdo del segundo pliegue, ya unido

por encima con los dos puntos de bordado (fig. 118A).

Repetir de nuevo los dos movimientos de la aguja, volviendo con el último y siempre pasando por el revés, por encima y paralelamente a los dos puntos de bordado que se habrán realizado en primer lugar. Realizar varias filas de nido de abeja obteniendo pequeños espacios en forma de rombo.

Figura 118

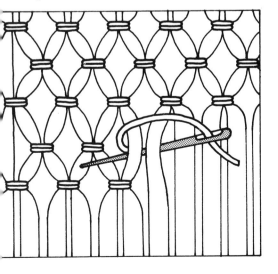

Figura 118A

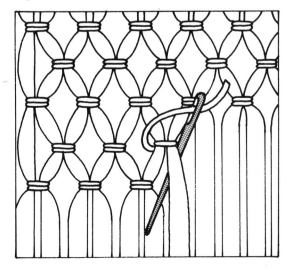

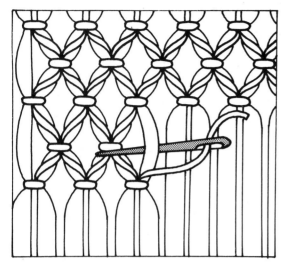

Figura 119

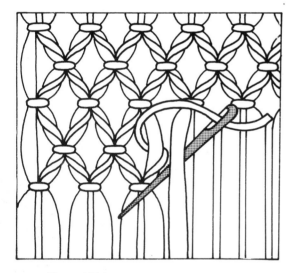

Figura 119 A

Nido de abeja con hilo por encima

El nido de abeja con el hilo por encima se realiza también de izquierda a derecha. Se hace pasar la aguja por el primer pliegue, de derecha a izquierda, y se tira de la hebra (fig. 119). En el segundo movimiento hay que hacer en-

trar y salir la aguja igual que antes, cogiendo el pliegue siguiente (fig. 119A). Sin hacer pasar el hilo por el revés del trabajo, se continúa la elaboración descendiendo aproximadamente a medio centímetro y volviendo a empezar a bordar como el primer movimiento.

Repetir este punto para obtener las líneas de nido de abeja necesarias.

Punto de rombos

El punto de rombos se bordará siempre con pasadas de izquierda a derecha. Hay que clavar la aguja de derecha a izquierda en el primer pliegue (fig. 120) y tirar de la hebra. Conviene mantener el hilo por encima cuando se saca la aguja. Siguiendo con el movimiento de derecha a izquierda, se coge el segundo pliegue con la aguja. De esta manera, se forma un punto de bordado que unirá entre sí dos rizados (fig. 120A). Continuar en el derecho del trabajo,

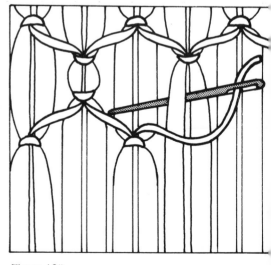

Figura 120

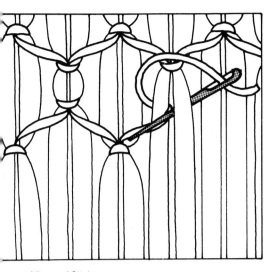

Figura 120 A

el interior de estos últimos con punto plano.

Siempre se bordará de izquierda a derecha, insertando la aguja de arriba a abajo. Conviene tomar un número de pliegues variables, según el motivo que se quiera realizar. Los dos bordados dibujados a continuación son una clara muestra de este tipo de decoración (figs. 122 y 123).

El punto *smock* está compuesto por todos los puntos de bordado que acabamos de explicar; obtener un resultado más bonito o no, está en las manos de cada persona. Para poner un ejemplo de cómo realizar un motivo con punto de *smock*, es necesario fijarse en el borda-

descendiendo aproximadamente un centímetro y, cogiendo con la aguja, de derecha a izquierda, el segundo pliegue. Con el movimiento de bordado descrito en la figura 120 A se une el segundo pliegue al tercero. Ahora, se vuelve hacia arriba, continuando siempre de esta forma hasta completar la anchura deseada. Repetir la segunda pasada del punto de rombo formando el punto de unión más alto de los dos pliegues sobre el eje del punto más bajo de la pasada anterior, a una distancia entre sí de unos dos o tres milímetros.

Decorados con punto plano

Se puede obtener otro decorado de notable efecto estético usando el ya conocido punto plano. Primero se tienen que hacer, en el rizado, dos filas de cordoncillo en zigzag de forma que se obtengan espacios en forma de rombo (fig. 121) y, después, hay que bordar en

Figura 121

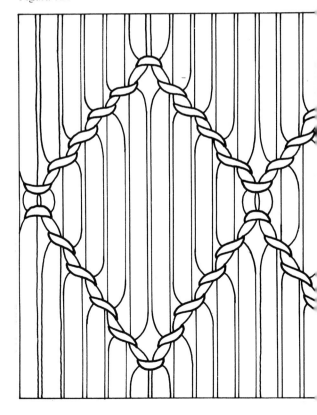

103

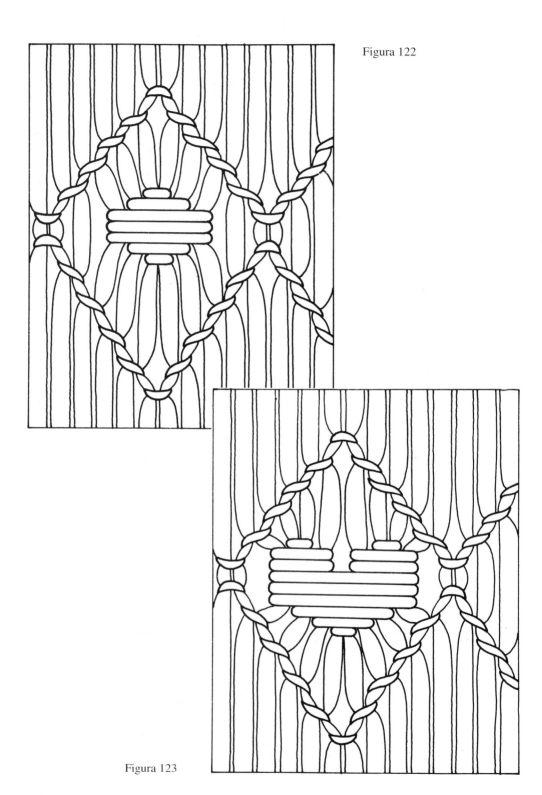

Figura 122

Figura 123

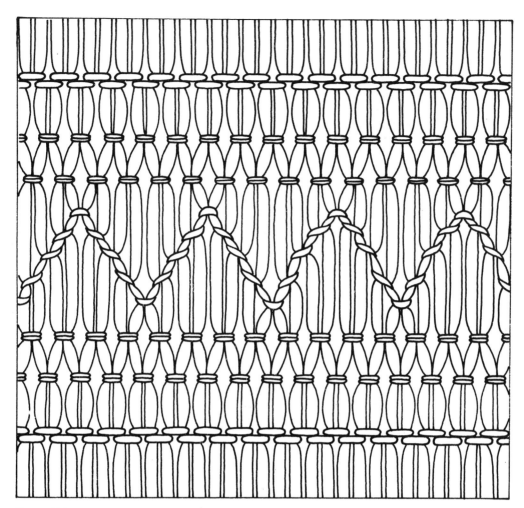

Figura 124

do dibujado e ilustrado en la figura 124 y que se bordará con: punto cadena, nido de abeja, punto de tallo y otra vez nido de abeja y punto cadena.

Consejos y ejemplos útiles de realización

Tal como se ha apuntado antes, para bordar el punto *smock* se requiere una cuidadosa preparación del tejido. Como primera regla conviene recordar que el tejido debe tener una longitud que triplique la real (por ejemplo, si se quiere bordar para obtener una longitud de 50 cm es necesario disponer de una tela de 150 cm de largo). Antes de confeccionar cualquier pieza, con la ayuda de una regla, se señalan los puntos que antes decíamos con un lápiz de sastre, a una distancia entre sí de 5 mm en horizontal y de 1 cm en vertical (fig. 125).

Una vez que se haya terminado de

105

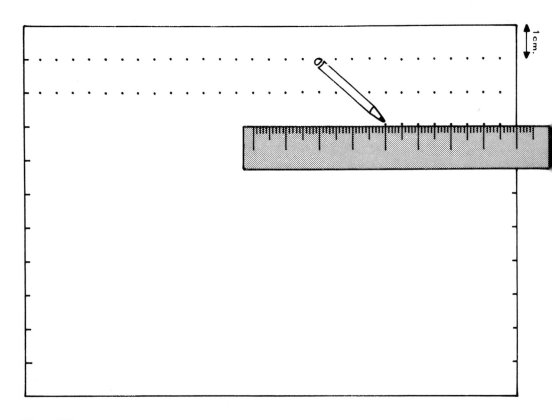

Figura 125

puntear la parte del tejido de bordar con punto *smock*, se realizan en las hileras horizontales, formadas por puntos y de derecha a izquierda, una serie de bastas que, con su punto largo, cubrirán los puntos que hemos marcado antes (fig. 125 A). Hay que prestar mucha atención al fijar el principio de cada hebra para embastar con un nudo y dejar la hebra libre al final.

Completar las bastas con hilo resistente. Cuando se hayan terminado todas las hileras de basta, con los dedos se tirará de los hilos que cuelgan en la parte izquierda de la tela, con lo que se rizará la tela (fig. 125 B). Una vez conseguido el rizado a la anchura deseada, se fijan todos los pliegues con algún punto. De esta forma, el tejido ya está preparado para ser bordado.

Las personas más atrevidas pueden realizar directamente el bordado en los puntos trazados sin necesidad de rizar antes el tejido, formando todos los pliegues durante la elaboración de los puntos usados para el *smock*.

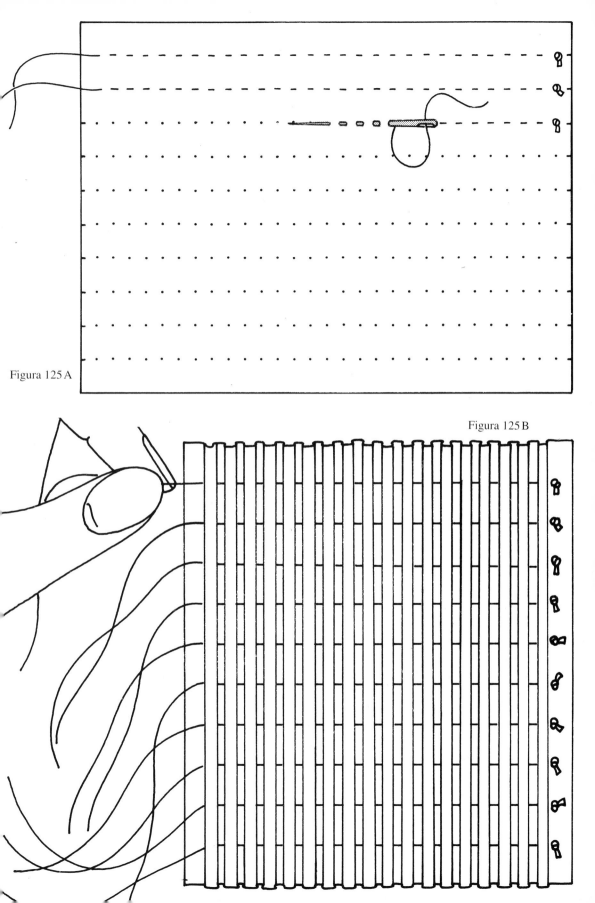

Figura 125 A

Figura 125 B

En el caso de punto *smock* en canesús redondos es preferible dibujar la rejilla de puntos sobre una hoja milimetrada. Con un alfiler se agujerean todos los puntos señalados y se apoya en la zona del bordado el papel milimetrado. Conviene fijar con algunos alfileres el lado superior y las partes curvadas, se corta entre los puntos hasta la primera fila de estos últimos. Sujetar también la parte inferior recortada con algunos alfileres, haciéndola girar en torno al canesú y, con un lápiz de sastre bien puntiagudo, se señalan todos los puntos de la tela, pasando por los agujeros que antes han sido realizados con el alfiler. Separar el papel del tejido y embastar el canesú. Para que el *smock* sea aún más agradable, se pueden usar hilos de algodón de distinto color y de calidad Muliné de seis hilos o Perlé n.º 8 si se quiere obtener un bordado más alegre.

Los puntos geométricos

A los puntos de bordado, que a continuación se ilustran, se les llama *puntos geométricos* por su particular calidad. Permiten rellenar y perfilar espacios sólo y exclusivamente con formas geométricas, obteniendo motivos decorativos con contornos de formas cuadradas y de arista. Forman parte de este tipo de puntos de bordado el punto de cruz, el punto holbein y el punto de Asís. Para realizar estos puntos correctamente se requiere una tela de trama muy regular y más bien compacta, lo que permite contar los hilos de la trama durante la elaboración de una forma más cómoda.

El mejor algodón de bordar para estos puntos es el Muliné de seis hilos y las agujas necesarias serán, en el caso de trama densa, una aguja fina y puntiaguda, y, en el caso de trama rala y constante, se necesitará una aguja de tapiz, más gruesa y de punta redondeada.

Punto de cruz

El punto de cruz es uno de los bordados más conocidos y, por ello, el más utilizado, gracias a su gran simplicidad de elaboración.

Se puede bordar de distintas formas: contando los hilos del tejido que deberán ser del mismo número para cada lado de la cruz; dibujando en el tejido con uno de los métodos descritos en el capítulo «Dibujos y técnicas de transferencia», utilizando una hoja cuadriculada que permitirá dibujar correctamente todas las cruces que necesite; o bien, y más fácil, bordando sobre tejido de cañamazo que, gracias a su particular textura, formará una rejilla natural, permitiendo cubrir cada cuadro del tejido con la cruz bordada sin tener que contar los hilos o dibujar las cruces en la tela. El punto de cruz puede realizarse en tres direcciones distintas: en horizontal, en vertical y en diagonal.

Punto de cruz horizontal

El punto de cruz horizontal se realiza en dos pasadas, es decir, una fase de ida y otra de vuelta. En la ida, se borda de izquierda a derecha, insertando la aguja verticalmente y de arriba abajo en el tejido (fig. 126). De este modo se formarán puntos largos oblicuos hacia la derecha. En la vuelta, realizada de izquierda a derecha, se introducirá la aguja en el tejido de forma vertical y de arriba abajo, volviendo así a los puntos realizados anteriormente y formando las cruces (fig. 126 A).

versa. Se introduce verticalmente la aguja en el tejido y de arriba abajo, cogiendo el número de hilos que corresponda a la altura de dos cruces (fig. 127). Alcanzado el lado derecho de la cruz, se introduce la aguja de forma vertical

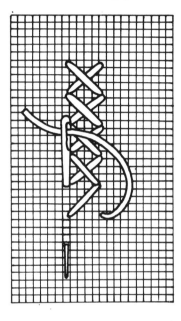

Figura 127

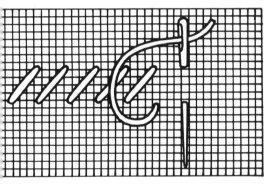

Figura 126

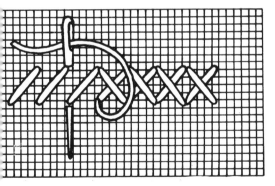

Figura 126 A

Punto de cruz vertical

El punto de cruz vertical se trabaja en una sola pasada, de arriba abajo o viceversa.

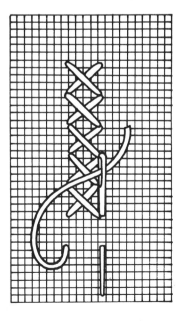

Figura 127A

109

en el tejido de arriba abajo y a la altura de dos cruces, cogiendo el número de hilos correspondiente a una sola cruz. De esta manera se formará el punto oblicuo hacia la derecha (fig. 127 A). Repetir estos dos movimientos durante todo el trabajo.

Punto de cruz diagonal

El punto de cruz diagonal se realiza en una sola pasada de ida y trabajando de izquierda a derecha. Se introduce verticalmente la aguja, de arriba abajo, en el lado derecho de la cruz que hay que realizar (fig. 128), tirando de la hebra. Se clava la aguja de forma horizontal por encima de la cruz y se sale en el punto

donde hay que formar el siguiente punto de cruz (fig. 128 A). De esta forma se obtendrá el punto oblicuo hacia la izquierda. Repetir los dos movimientos explicados hasta obtener las medidas deseadas.

Punto holbein

Este punto se utiliza con frecuencia para perfilar los espacios que hay que llenar con otros puntos de bordado. Si se realiza bien puede incluso ser el único protagonista de los motivos. Este punto sorprenderá porque su efecto también es el mismo en el revés del trabajo.

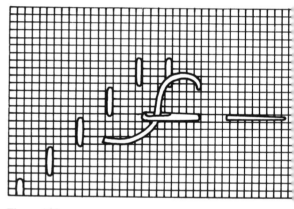

Figura 129

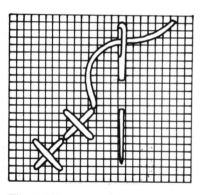

Figura 128

Figura 128 A

Figura 129 A

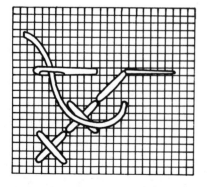

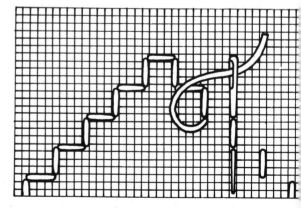

110

El punto holbein consiste en dos vueltas de punto de hilván que se realizan de izquierda a derecha, tomando y saltando con la aguja un número constante de hilos (figs. 129 y 129 A).

El punto de Asís

El punto de Asís es uno de los puntos de bordado más antiguos. Se realiza con la unión del punto Holbein, que marcará los límites, y el punto de cruz, que rellenará el fondo del dibujo. Este punto de bordado dará a cualquier prenda de lencería sugerentes decoraciones.

El punto de Asís debe su nombre a la famosa ciudad de Umbría donde nació. Las principales y más tradicionales figuras que se representan en el punto de Asís son las de animales, y en general, ciervos y pájaros, que se mueven en el interior de los bordados en punto de cruz.

Antiguamente, para este tipo de bordado se utilizaba hilo de un solo color. Hoy en cambio, se utilizan hilos de distinto color y temas que también tienen figuras geométricas o florales.

El punto de Asís es un bordado de hilos contados y por ello, se realiza en una tela de trama muy regular que lleva el mismo nombre que el bordado. En una primera fase, se cubrirán todos los contornos del dibujo elegido con el punto descrito y de la forma que se ha ilustrado en la figura 130. Una vez terminados los contornos, se cubrirá todo el fondo con punto de cruz horizontal (fig. 120 A).

Cenefa decorativa realizada con algodón Muliné y aguja Milward n.º 24. Puntos: holbein

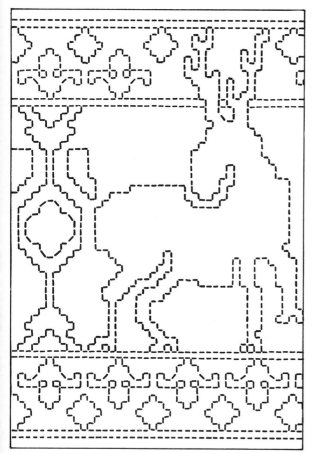

Figura 130

Figura 130 A

Centro de mesa bordado en tejido de Asís con algodón Muliné Anchor y aguja Milward n.º 22. Puntos: asís, holbein y cenefa con vainica

Anaquel realizado con tela de lino con algodón Muliné Anchor y aguja Milward n.º 7. Puntos: tallo, plano en diagonal, raso y lleno

Cuadro realizado en tela aida con algodón Muliné Anchor y aguja Milward n.º 22. Puntos: punto de cruz

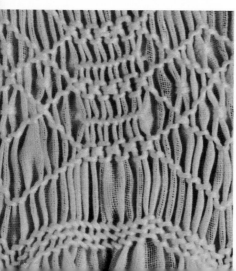

Canesú con punto de smock *realizado con algodón Perlé Anchor n.º 5 y aguja Milward n.º 6. Puntos: plano, doble y de tallo*

Detalle del bordado

Consejos y ejemplos útiles de realización

Como ya se ha indicado, para hacer los puntos que acabamos de describir es necesario que se haya realizado un dibujo en una hoja cuadriculada antes de bordarlos en el tejido. Estos dibujos reciben el nombre de *esquemas* debido a su particular construcción. El punto Holbein se representará en el esquema con sólo los motivos de contorno, donde cada lado del cuadro corresponderá a un hilvanado.

En cambio, el punto de cruz se puede bordar tanto directamente en el dibujo realizado en el tejido (fig. 131) o en el esquema realizado en un papel, donde cada cuadro dispondrá de varios símbolos correspondientes a los distintos colores (fig. 132), o también en el dibujo a cuadros dibujado directamente.

Figura 131

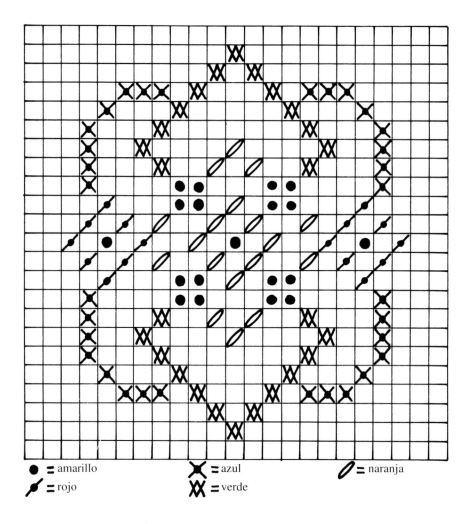

● = amarillo   ✖ = azul   ∅ = naranja

✗ = rojo   ✖✖ = verde

Figura 132

Para el punto de Asís, al igual que para los anteriores, se utilizará un esquema semejante al del punto de cruz, sin símbolos distintos para identificar cada color, ya que sólo se realizará con uno o dos colores. Otra característica que lo diferencia del punto de cruz, es que los puntos de bordado con cruces sólo rellenarán el fondo.

El efecto de positivo y negativo del punto de Asís, también puede obtenerse con otros puntos: con el punto holbein (usado siempre en los contornos), y el punto de hilván. También se puede usar el punto de tallo, en el caso de que se quieran perfilar formas redondeadas y llenar el fondo con punto de hilván (fig. 134). Para practicar el punto de

114

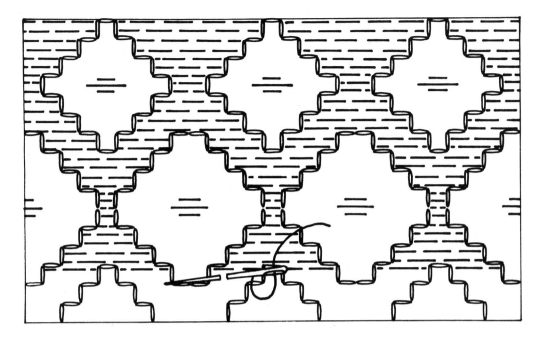

Figura 133

cruz y el punto de Asís, proponemos los esquemas de cuatro cenefas que se pueden realizar en toallas, manteles, etc. (fig. 135). No hay que olvidar que cada cuadro dibujado en los esquemas es a tamaño natural y por lo tanto se deben contar en el tejido los hilos que compondrán los 5 mm de lado de cada cruz antes de empezar a bordar.

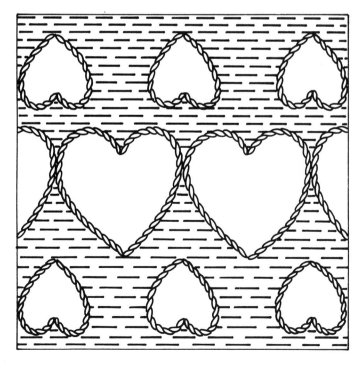

Figura 134

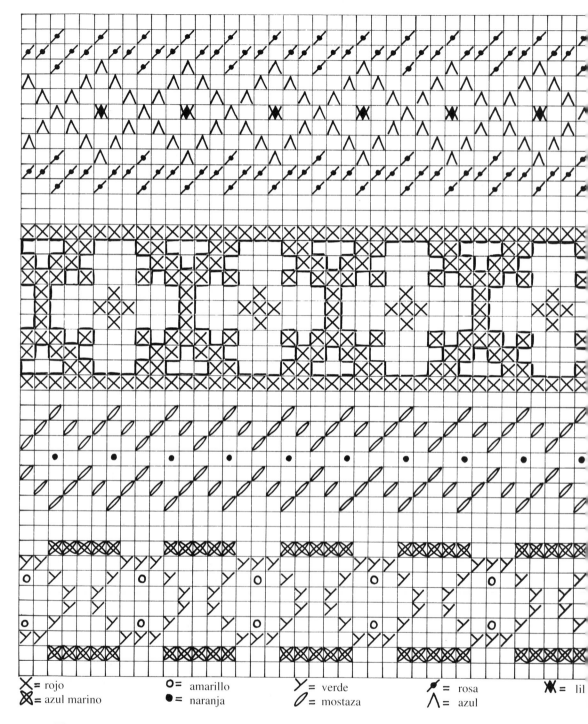

X = rojo   O = amarillo   Y = verde   ♪ = rosa   ✳ = lil

✳ = azul marino   ● = naranja   Ø = mostaza   ∧ = azul

Figura 135

Bordado de tapices

Por bordado de tapiz se entiende la labor realizada con algodón «blando» o con las lanas especiales tejidas en telas de consistencia muy rígida con trama rala, que recibe el nombre de *cañamazo*.

La trama de cañamazo está compuesta por hilos de lino o de algodón que forman múltiples espacios de forma cuadrada. Se vende en los comercios especializados, en color blanco o marrón con trama de hilo simple o doble. Los puntos de bordado se harán sobre el cañamazo en dirección horizontal y vertical, o bien con movimientos en diagonal. Los puntos pueden cubrir varios cuadros de cañamazo y variarán de grosor dependiendo del tamaño de cada cuadro.

Hay que prestar mucha atención al diámetro de los hilos, que deben ser igual al del cuadro del cañamazo, cubriéndolo por completo con los puntos de tapiz.

Para que una vez terminada la labor el cañamazo se vea lo menos posible aconsejamos que se use el de color marrón con hilos oscuros y el blanco con hilos claros.

El grosor de un punto dará más o menos solidez a la pieza, además de efectos de bordado distintos. Cuanto menores sean los puntos, más difícil será que el bordado se deshilache o se deteriore con el tiempo. Por lo tanto, es fundamental la elección del cañamazo y del punto, los cuales dependerán del uso que queramos hacer de la pieza (por ejemplo, si es una alfombra se verá sometida a duras pruebas de resistencia y solidez, por lo tanto necesitará un cañamazo resistente, puntos pequeños y densamente unidos entre sí, así como un hilo grueso y poco retorcido).

El tiempo invertido también variará según el tamaño de los puntos de bordado. No es difícil intuir que con puntos pequeños necesitaremos más tiempo para cubrir un espacio que hubiera sido bordado con más velocidad si los puntos hubieran sido mayores. El cañamazo también se puede comprar ya dibujado, es decir, con el trazo del dibujo a color, en este caso sólo hay que cubrirlo con el hilo elegido y con los colores indicados.

El cañamazo también puede estar

«trazado» es decir que se haya marcado el dibujo con bastas horizontales, lo que servirá como guía para distribuir los colores que harán que los puntos de tapizado queden más apretados. Este tipo de cañamazo embastado se vende en los comercios especializados o puede ser realizado por uno mismo con un poco de paciencia.

A pesar de que el bastidor no es indispensable, en el caso del tapiz, su uso le facilitará mucho la tarea ya que le permite trabajar en una superficie tensada con lo que las manos pueden moverse con libertad, sin crear grandes bultos de tela. Las personas principiantes y las que intentan hacer un tapiz por primera vez pueden usar un marco viejo de un cuadro en el que se fijará el cañamazo con algunos clavos.

El bordado de tapicería comprende muchos puntos de bordado divididos en tres categorías: el medio punto de cruz, el punto llama y los puntos de fantasía.

Puntos sencillos y de uso frecuente

Medio punto de cruz

El medio punto es un punto especial de bordado particularmente adaptado para la realización de cuadros y tapices. Se efectúa de izquierda a derecha y de derecha a izquierda en pasadas de ida y vuelta. Se borda realizando filas de puntos oblicuos siempre hacia la derecha y empezando el trabajo por la parte superior izquierda del cañamazo, que será de dos hilos.

En el caso de cañamazo no «pintado» y no «trazado» se elabora contando los hilos y disponiendo los colores como se indica en el esquema en papel. Se introduce y saca verticalmente la aguja en el cañamazo tomando dos hilos (fig. 136) y continúa del mismo modo hasta completar la línea de puntos.

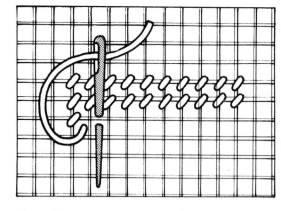

Figura 136

Figura 136A

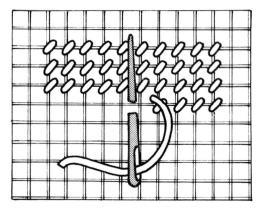

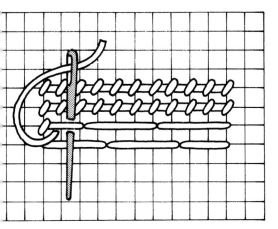

Figura 137

y con pasadas de ida de derecha a izquierda, y vuelta de izquierda a derecha, ambas en sentido horizontal. Hay que comenzar por la parte superior derecha del cañamazo. Se introduce la aguja oblicuamente en el cañamazo hacia la izquierda, entrando por un cuadro y saliendo, dos hilos después, en el cuadro inferior (fig. 138). Se repite el mismo movimiento hasta que se haya terminado una fila de *petit point*.

Se deja siempre la aguja en el revés del trabajo, girándolo luego y procediendo a bordar la pasada de vuelta con los mismos movimientos de la aguja como para la pasada de ida (fig. 128 A).

Dejando la aguja en el revés del trabajo, se gira el cañamazo y se continúa el bordado como se ha explicado anteriormente (fig. 136 A), haciendo lo mismo en la pasada de vuelta.

La elaboración del medio punto en cañamazo «trazado» no varía los movimientos, la única precaución que hay que tener es que al realizar los puntos las bastas de guía deben quedar cubiertas por completo (fig. 137). Si se realiza correctamente, el medio punto estará formado por varios puntos verticales en el revés del trabajo.

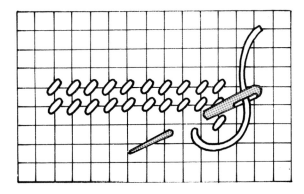

Figura 138

Figura 138 A

Petit point

El *petit point* es muy adecuado para realizar piezas pequeñas, como fundas para gafas, bolsos pequeños, etc. También puede utilizarse para pequeños detalles de cuadros y tapices que requieran mayor difuminado como los ojos, la boca, las manos, etc.

Se trabaja sobre cañamazo de un hilo

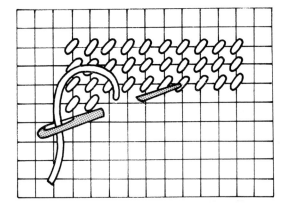

119

Figura 139

mitad

mitad

● = verde   **x** = rojo óxido   ●= avellana   **<**= marrón   □ = marfil

Figura 140

Para poder realizar dos piezas con los puntos que acabamos de describir, se ejemplifican con dos dibujos a escala. El primero es un tapiz de un cuadro pequeño para la habitación de los niños (fig. 139) y el segundo es un cuarto de alfombra para una habitación.

El primero se puede realizar copiando el dibujo en el cañamazo tal como se explicará en el capítulo siguiente dedicado a los consejos útiles. Requiere un cañamazo de 45×45 cm, de hilo sencillo y algodón «suave» en el color escogido.

En cambio, la alfombra se realizará con medio punto en cañamazo de dos hilos que mida 70×90 cm. En el esquema dibujado, cada cuadro más pequeño corresponde a un punto de bordado. Una vez más, hay que comparar que una vez ampliado corresponda exactamente a un cuadrado de cañamazo. El hilo que hay que utilizar, de lana o de material sintético, estará compuesto por cuatro o seis hebras y será de los colores indicados.

Punto llama: el más puntiagudo

El punto llama está formado por puntos lanzados rectos que cubrirán cuatro o más hilos de cañamazo y que con su movimiento alternado darán lugar a ricos difuminados de color con mucho movimiento.

Este tipo de punto apareció en el siglo XV en Florencia y por ello también recibe el nombre de *bordado florentino*.

Gracias a este punto de base se han podido obtener todas las variantes que hacen del punto llama uno de los bordados más sugerentes. Se realiza, tal como hemos dicho, con puntadas ascendentes y descendentes que, al alternarse, dan lugar a formas que recuerdan un poco las llamas del fuego.

La parte más alta del motivo se llamará *cima* o *pico* y la más baja *sima* o *valle*.

Figura 141

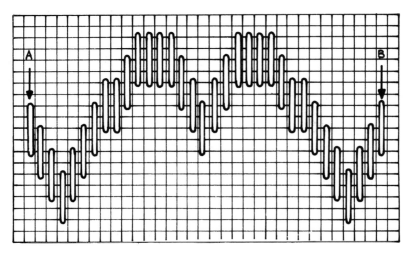

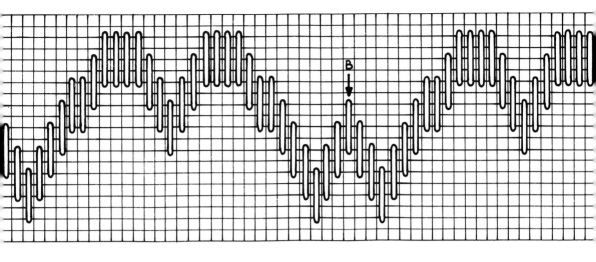

Figura 142

El punto llama también necesita un esquema de guía dibujado en papel que en general representa sólo una parte de la hilera de base del motivo (fig. 141). ¿Qué hay que hacer para repetir y adaptar esta última en función de las necesidades de cada persona? Empezaremos primero por distinguir las formas de los distintos motivos con punto llama, que podrán disponerse en filas superpuestas o incluso en cuatro sentidos.

En el primer caso, la repetición del motivo será muy sencilla ya que basta con añadir sobre la horizontal las veces que sean necesarias los motivos que hay que repetir.

En cambio, en el segundo caso se deben establecer y marcar las dos líneas divisorias, así como las diagonales del cuadrado que hay que bordar. Empezando por la mitad, se traza una primera línea de puntadas en el borde superior del cuadrado, dispuestas según el motivo deseado (fig. 143). Una vez terminada la primera hilera de puntos bá-

sicos, se procederá a bordar la parte que está bajo la primera línea de puntos. Luego hay que realizar en el borde derecho del cuadrado la segunda hilera de base (fig. 143 B) y continuar bordando el segundo cuarto como se ha descrito anteriormente. Una vez completada la elaboración de las cuatro líneas de puntos básicos (el esqueleto), se empieza a llenar con puntos derechos la parte de los márgenes superiores que ha quedado vacía (fig. 143 C).

Si por el contrario, se desea bordar desde el centro hacia el exterior del cuadro, hay que centrar el cañamazo de la misma forma que antes y formar, en el punto de intersección, diagonales y líneas de centro, creando cuatro secuencias de dibujo. Luego se continúa la elaboración en cada secuencia con las graduaciones de colores establecidas, siempre desde el centro hacia el exterior. Todos los bordados de punto llama se realizan con movimientos de izquierda a derecha y en pasadas de ida y vuelta.

mitad

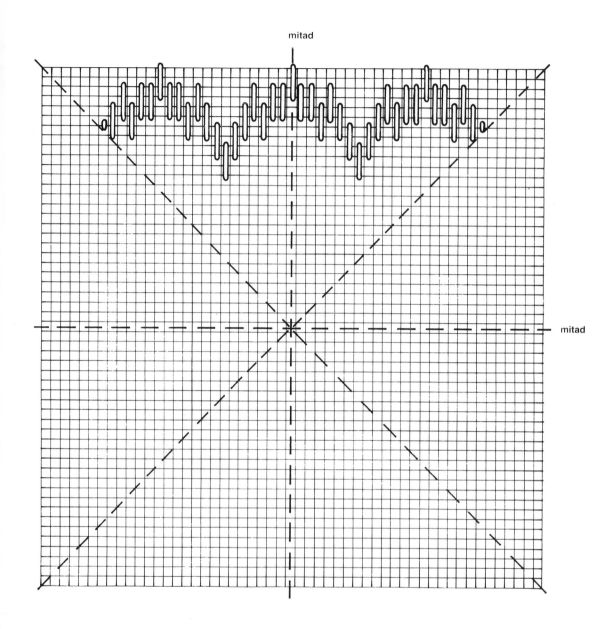

mitad

Figura 143

124

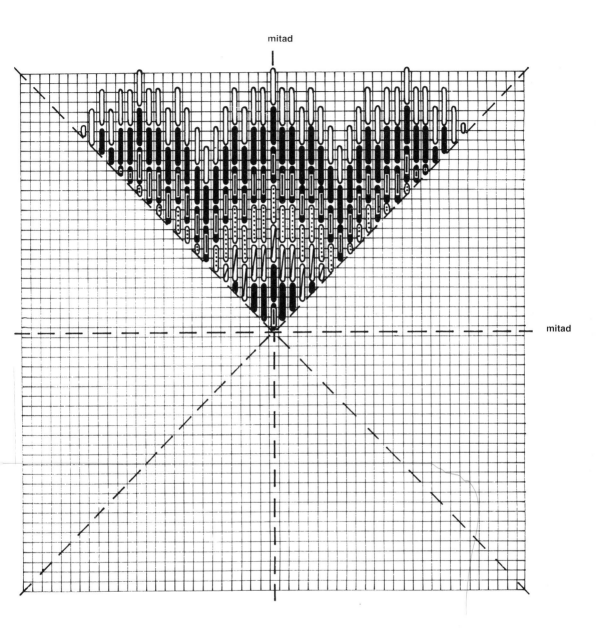

Figura 143 A

125

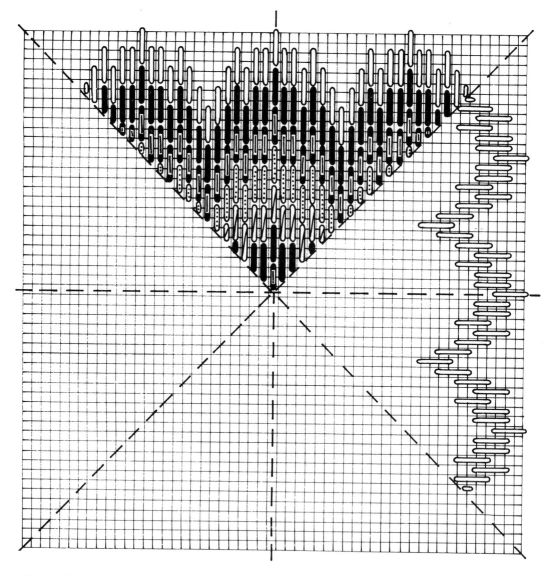

Figura 143 B

Figura 143 C

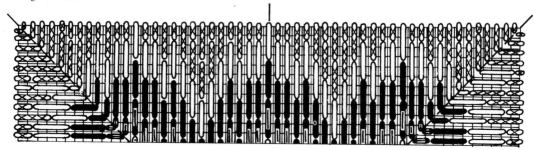

Picos normales

Para formar picos normales se inserta la aguja en el cañamazo oblicuamente hacia la derecha y de arriba abajo. En cada puntada se tomarán siempre cinco hilos horizontales de cañamazo. Sacar la aguja paralela en el punto que se ha realizado y por encima de tres hilos. Luego se sigue trabajando con movimientos de subida y bajada como se ha descrito en la ilustración de la figura 144.

Picos puntiagudos

Para obtener puntos puntiagudos conviene trabajar siempre de izquierda a derecha cogiendo en cada punto cuatro hilos de tejido y saltando tres a lo alto (fig. 145).

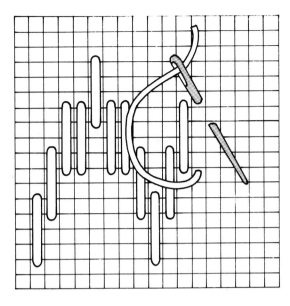

Figura 144

Figura 145

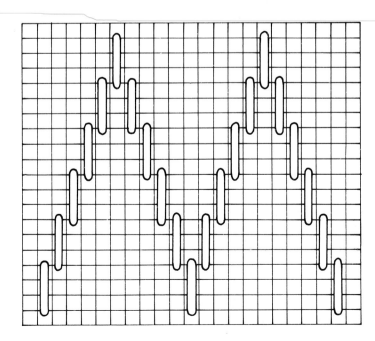

127

Las curvas de pico siempre se realizan de izquierda a derecha cogiendo con la aguja cinco hilos de cañamazo en horizontal y saltando tres (fig. 146).

Picos ondulados

Los picos ondulados se realizan siempre en la dirección que se ha indicado anteriormente, cubriendo con un punto de bordado cinco hilos de cañamazo y saltando dos cuatro veces, tres una vez y cuatro otra vez.

Repetir el movimiento descendente saltando la misma cantidad de hilos, pero haciéndolo en sentido inverso (fig. 147).

Figura 146

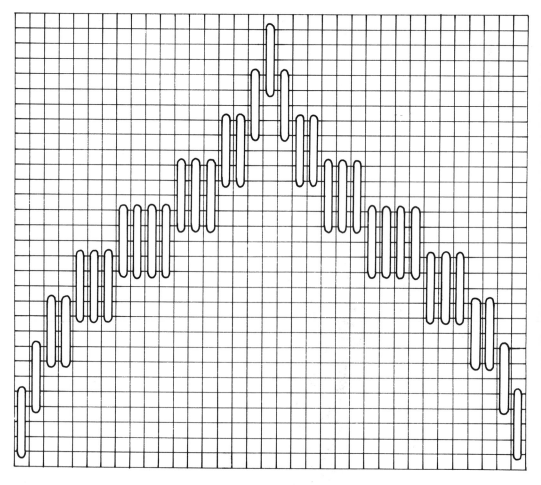

Cuadro realizado en tela aida con algodón Muliné Anchor y aguja Milward n.º 22. Puntos: punto de cruz

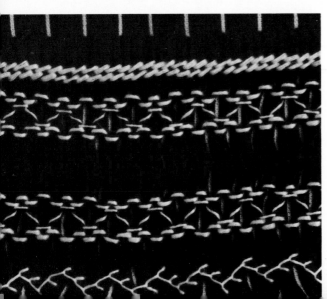

Vestido de bebé con punto de smock rea-
lizado con algodón Muliné Anchor n.º 5 y
aguja Milward n.º 7. Puntos: tallo, doble,
rombo y coral

Detalle del bordado

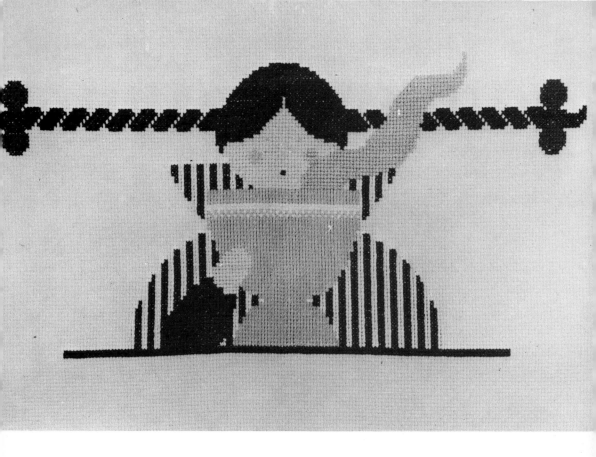

Motivo para cuadro o mantel infantil rea-lizado con algodón Muliné Anchor y agu-ja Milward n.º 7. Punto de cruz

Detalle del bordado

Cojín romántico realizado con algodón Muliné Anchor y aguja Milward n.º 24. Punto de cruz

Detalle del bordado

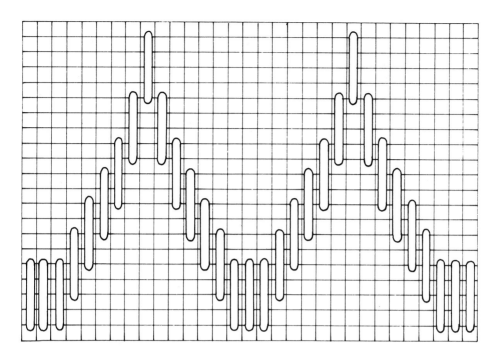

Figura 147

Figura 148

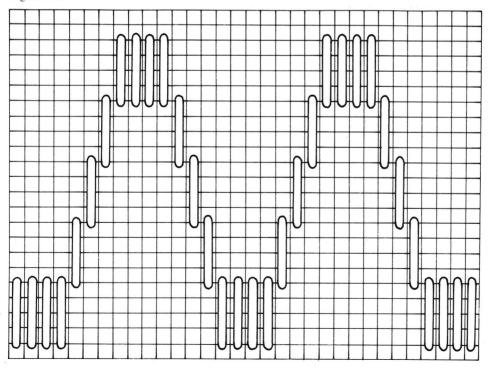

Picos aplanados

Los picos aplanados se realizan cogiendo en cada puntada cinco hilos de cañamazo y saltando cuatro a lo alto (fig. 148).

Picos en diagonal

Los picos en diagonal se realizan siempre de izquierda a derecha, cubriendo en cada punto cinco hilos en vertical de cañamazo y saltando cuatro a lo alto (fig. 149).

Picos dobles

Los picos dobles están formados por puntadas verticales que cubren cinco hilos de cañamazo y saltan cuatro a lo alto (fig. 150).

Figura 150

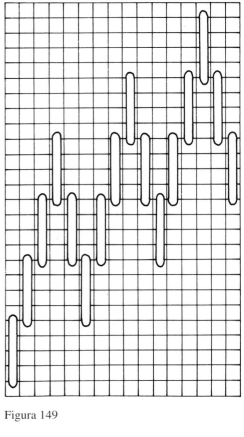

Figura 149

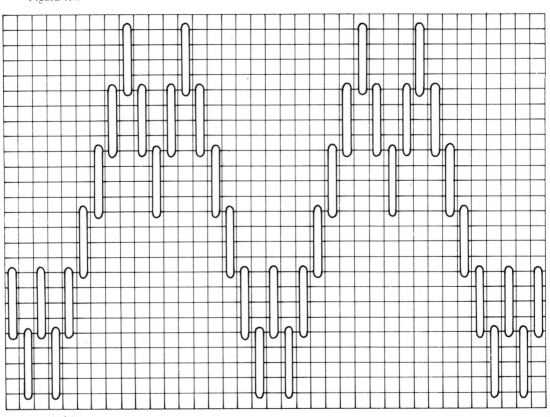

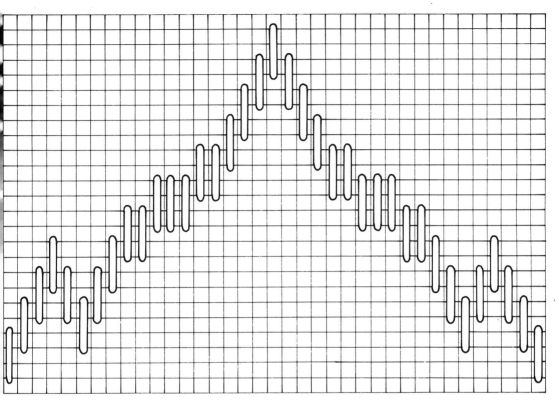

Figura 151

Picos de tres cimas

Los picos de tres cimas se realizan cogiendo con cada puntada cuatro hilos de cañamazo y saltando dos a lo alto (fig. 151).

Picos enlazados

Los picos enlazados se realizan formando primero los picos con puntadas

realizadas en cinco hilos de tejido y separadas entre sí dos hilos. La hilera de unión se bordará con un color distinto con dos vueltas de puntadas verticales, como se ilustra en el dibujo de la fig. 152.

Picos góticos

Los picos góticos se realizan formando la primera hilera de base con puntos

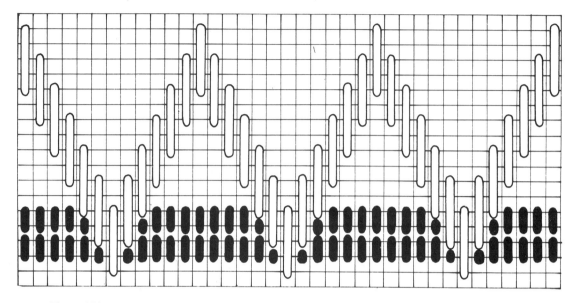

Figura 152

Figura 153

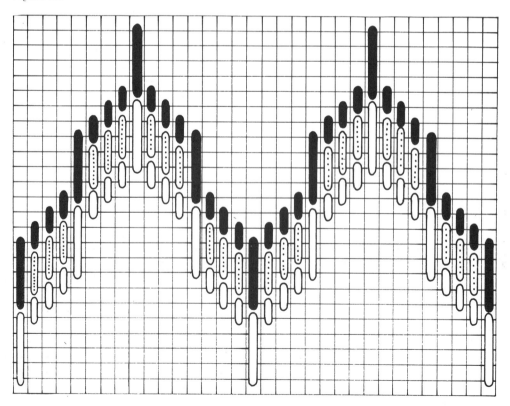

verticales que cogerán primero cinco hilos de cañamazo, después saltarán cuatro y se harán tres puntos verticales, cogiendo dos hilos de cañamazo. De nuevo, se saltará uno a lo alto, tres veces. Repetir la puntada de cinco hilos y de nuevo los tres puntos de dos hilos, terminando con la puntada de cinco hilos. De nuevo realizar los movimientos descritos en sentido inverso hasta que se hayan trazado todos los picos que se necesiten a lo ancho. Empezar a trabajar la segunda y la tercera pasada de

puntadas como se describe en la ilustración de la figura 153.

Picos escalados

Los picos escalados se realizan cogiendo con tres puntadas cuatro hilos de cañamazo y saltando tres (fig. 154).

Picos ondulantes

Los picos ondulantes se realizan cogiendo en cada puntada cuatro hilos de

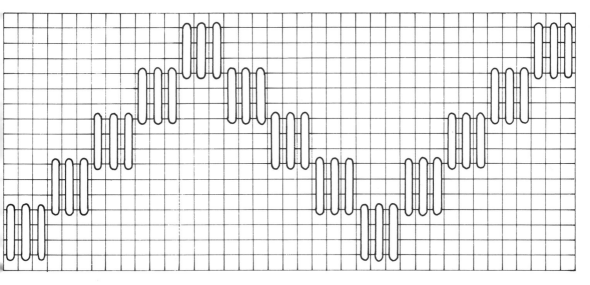

Figura 154

Figura 155

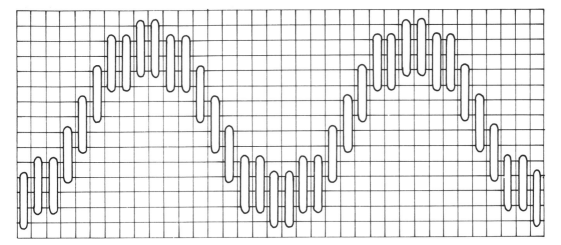

cañamazo y saltando antes uno. De dos puntadas verticales y paralelas entre sí, saltando dos hilos de tejido a lo alto cuatro veces, se forman otras dos puntadas paralelas, saltando luego otro hilo y realizando otras dos puntadas paralelas. Repetir el otro lado de la ola en sentido inverso y las veces deseadas (fig. 155).

Punto florentino

El punto florentino se realiza cogiendo en cada puntada cuatro hilos de ca-

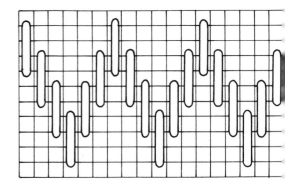

Figura 156

Cuadro realizado con lana de bordar Anchor y aguja Milward n.º 18. Puntos: bordado florentino

ñamazo y saltando dos en altura, como se ha ilustrado en el dibujo de la figura 156.

Con todos los puntos descritos se pueden realizar fantásticas decoraciones de cojines, cubiertas de agendas, forros para joyeros, bolsos pequeños... El hilo que conviene utilizar será de algodón suave y el Muliné de seis hilos, o bien hilo para tapices.

La elección del hilo dependerá del tipo de cañamazo que se utilice.

Puntos con mucha fantasía

Los puntos fantasía son unos de los puntos de bordado más sencillos. A pesar de ello, confieren a la pieza bordada una espectacular belleza. Estos puntos tienen la ventaja de cubrir en poco tiempo grandes espacios de cañamazo sin deformarlo en exceso.

Pueden bordarse con hilo de lana simple o *bouclée* en caso de cañamazo rígido, mientras que en el cañamazo más ligero se usarán hilos de algodón. Para reconocerlos mejor, se dividen en tres grupos: puntos rectos, puntos oblicuos y puntos de estrella.

Punto largo alternado

Pertenece al grupo de los puntos rectos. La primera vuelta del bordado se hace de izquierda a derecha, empezando la labor por la parte superior izquierda del cañamazo. Luego se realiza una fila de puntos rectos en seis hilos de cañamazo dejando, entre un punto y el siguiente, dos hilos (fig. 157). En la pasada de vuelta, realizada de derecha a izquier-

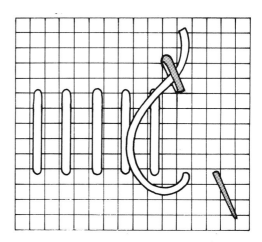

Figura 157

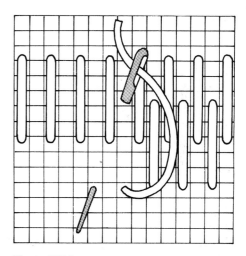

Figura 157 A

da, se insertan las puntadas siempre de seis hilos entre los puntos de la pasada anterior y por la mitad de estos últimos (fig. 157 A). Repetir el movimiento desde la primera pasada las veces que desee hasta cubrir el espacio necesario (fig. 157 B).

135

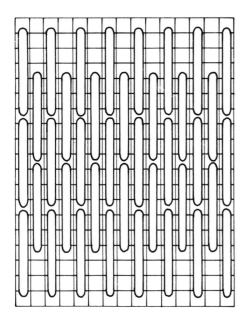

Figura 157 B

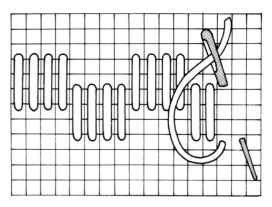

Figura 158

Figura 158 A

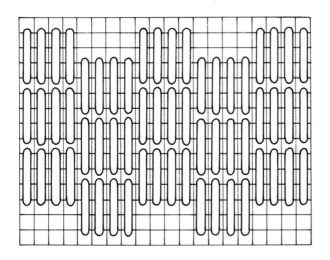

Punto plano escalonado

Los puntos escalonados se trabajan en dos pasadas (ida y vuelta), de izquierda a derecha y de derecha a izquierda. Se realizan cuatro puntadas en cuatro hilos de cañamazo a lo alto, sacando la aguja dos hilos por debajo y uno a la derecha y realizando cuatro puntadas más en seis hilos. Repetir otra vez el cuadro de puntadas, con dos hilos por encima del que se acaba de confeccionar. Continuar de la forma descrita durante toda la hilera (fig. 158). Hay que trabajar la segunda fila de derecha a izquierda pasando por cada uno de los cuadros formados por las cuatro puntadas y de forma uniforme al de la hilera anterior (fig. 158 A).

Punto plano diagonal

El punto diagonal se trabaja en pasadas de ida (de izquierda a derecha) y de vuelta (de derecha a izquierda). Se em-

pieza a bordar en la esquina inferior izquierda del cañamazo. Dando tres puntos planos de cuatro hilos de altura cada uno, se salta uno de lado y dos a lo alto, repitiendo los tres puntos verticales.

Figura 159 A

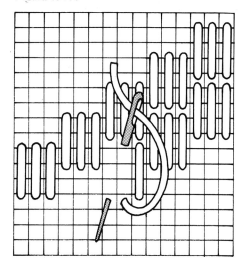

Figura 159 B

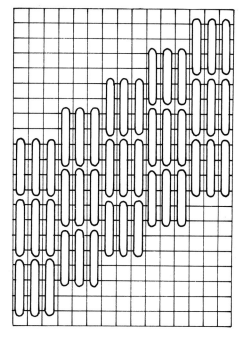

Figura 159

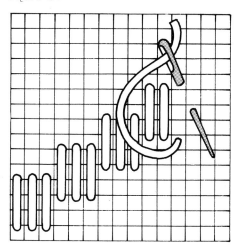

Continuar de esta forma hasta terminar la hilera (fig. 159). En la pasada de vuelta, realizada de derecha a izquierda y en diagonal descendiente, se insertan los tres puntos largos exactamente debajo de los que ha realizado antes en la pasada de ida (fig. 159 A). Repetir las pasadas en diagonal tantas veces como necesite para cubrir el cañamazo (fig. 159 B).

Punto en triángulo

El punto en triángulo también se realiza en pasadas de ida (de izquierda a derecha) y de vuelta (de derecha a izquierda). La primera pasada se realiza formando siete puntos largos que cubrirán primero dos y después cuatro, seis, ocho, seis, cuatro, dos hilos de cañamazo. Saltar dos puntos a lo ancho y

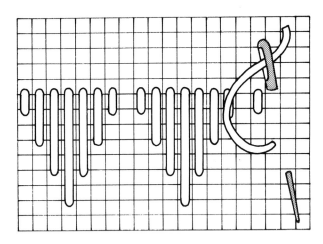

Figura 160

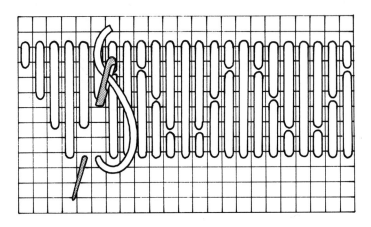

Figura 160 A

138

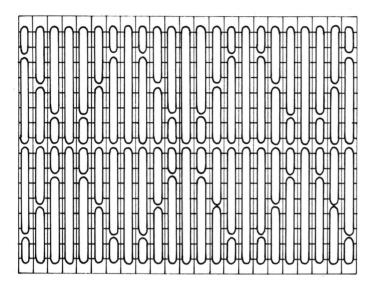

Figura 160 B

repetir los siete puntos largos (fig. 160).
En la pasada de vuelta realizar cada
triángulo de siete puntos largos en
sucesiones inversas respecto a la pasada anterior, insertando de ese modo
el punto más largo en el espacio de
cañamazo que ha quedado vacío
(fig. 160 A). Repetir las veces que se
desee el movimiento desde la primera
pasada (fig. 160 B).

Punto a cuadros en diagonal

Entre los puntos en diagonal podemos
citar el punto a cuadros. Se realiza en
diagonal respecto a la trama del cañamazo en pasadas de ida (de izquierda a
derecha) y vuelta (de derecha a izquierda). Se empieza el bordado en la
esquina superior derecha del cañamazo, descendiendo progresivamente. Se
forman varios puntos largos en diagonal con el siguiente orden de sucesión:

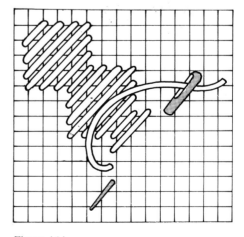

Figura 161

139

coger primero dos cruces de hilo, después, tres, cuatro, cinco y otra vez cuatro, tres, y dos (fig. 161). Realizar la pasada de vuelta desde abajo hacia arriba y de derecha a izquierda, insertando los puntos largos en sentido alternado a los de la pasada anterior, es decir, formando puntos largos paralelamente al punto corto anterior y viceversa (fig. 161 A). Repetir las pasadas deseadas hasta cubrir todo el cañamazo (fig. 161 B).

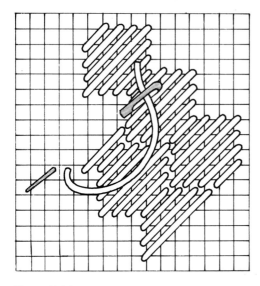

Figura 161 A

Figura 161 B

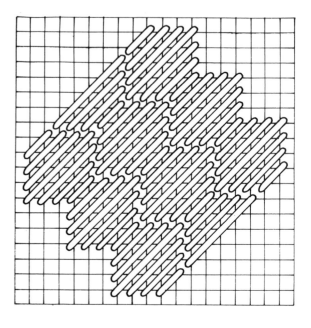

Punto bizantino

El punto bizantino se elabora siempre en diagonal en pasadas de ida (de derecha a izquierda) y en pasadas de vuelta (de izquierda a derecha). Se empieza a bordar por la esquina inferior derecha del cañamazo, realizando un punto largo en un solo cruce de hilos de cañamazo y los siguientes en dos cruces, tres, cuatro y tres veces más en cuatro. Se trabaja hacia la izquierda haciendo de nuevo cuatro puntos en diagonal en cuatro cruces de hilos de cañamazo. Se completan cinco puntos en horizontal, siguiendo con el trabajo en vertical hasta realizar otros cinco puntos (fig. 162). Repetir siempre estos movimientos hasta completar la primera hilera de puntos, es decir, hasta alcanzar el lado superior del cañamazo. Realizar luego un giro de vuelta de izquierda a derecha, repitiendo el movimiento escalonado hasta alcanzar de nuevo la parte inferior derecha del cañamazo (fig. 162 A). Conviene repetir las hileras de escalones hasta completar el espacio de tejido deseado (fig. 162 B).

Figura 162

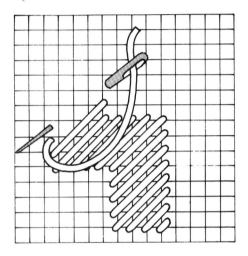

Figura 162 A

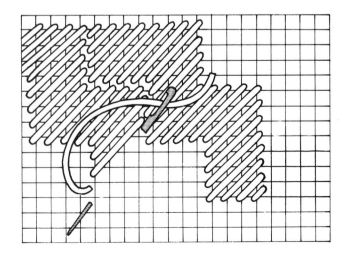

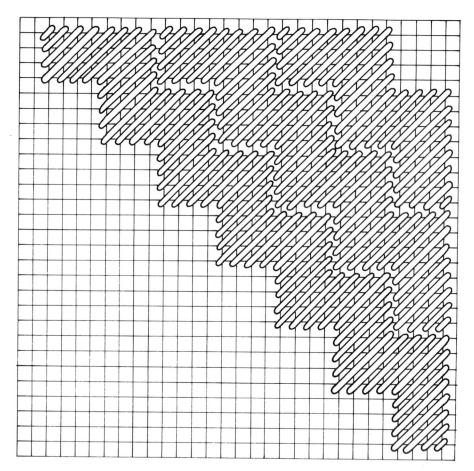

Figura 162 B

Punto gobelino diagonal

El punto gobelino diagonal se realiza en pasadas de ida, de arriba abajo, y de vuelta, de abajo arriba, disponiendo las filas de puntos bordados de derecha a izquierda. Se empieza el bordado desde la parte superior derecha del cañamazo, introduciendo la aguja en diagonal hacia arriba y cogiendo tres cruces de hilos del cañamazo (fig. 163). Una vez terminada la hilera de puntos hacia abajo y en la pasada de vuelta desde abajo hacia arriba, se introduce la aguja donde había salido en la pasada anterior. Se cogen tres cruces de hilos para que se forme un ángulo recto con los puntos que se han realizado antes (fig. 163 A). Luego se continúa como se ha descrito, has-

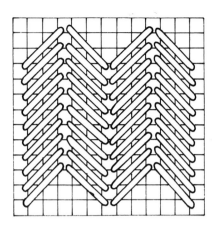

Figura 163 B

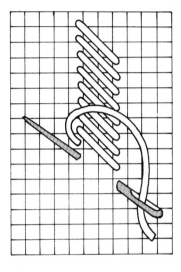

Figura 163

Figura 163 A

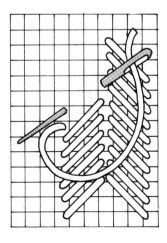

ta el final de la hilera de puntos, trabajando la tercera hilera como la primera y la cuarta como la segunda hasta cubrir el cañamazo (fig. 163 B).

Punto dama

Este punto se realiza en sentido horizontal y en hileras de puntadas planas de izquierda a derecha. Consiste en cuadritos de puntos largos en diagonal y en cuadritos realizados con medio punto que se alternan entre sí. Cada cuadro corresponde a cuatro hilos de trama y a cuatro hilos de urdimbre del cañamazo. Se empieza la labor por la parte superior izquierda con el cuadro de puntos planos en diagonal, que cogen primero un cruce de hilos, después dos, tres, cuatro y otra vez tres, dos, uno (fig. 164). Continuar bordando el cuadro siguiente con medio punto, formando un total de 16 puntos pequeños. Repetir, alternando los cuadros entre sí, hasta el final de la pasada. En los movimientos de la pasada de vuelta, se alter-

narán los puntos largos con los pequeños (fig. 164 A). Este tipo de bordado
tendrá más vistosidad si se usan dos colores, dando así un mayor efecto de da-
mero.

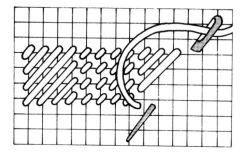

Figura 164

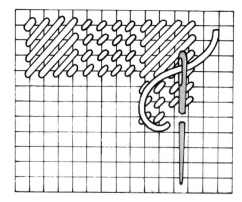

Figura 164 A

Punto gobelino entrelazado

El punto gobelino entrelazado se realiza de derecha a izquierda en la pasada
de ida, y de izquierda a derecha en la
pasada de vuelta. Se empieza la labor
por la parte superior derecha del cañamazo, introduciendo la aguja de arriba
abajo y de forma oblicua. Se cogen cin-

co hilos de tejido saltando lateralmente
uno (fig. 165). Una vez terminada la
primera hilera, se realiza la segunda de
izquierda a derecha, realizando el punto oblicuo que hemos descrito antes,
pero insertándolo en la hilera anterior,
sobrepasando dos hilos horizontales
(fig. 164A). Repetir la hilera de punto
gobelino entrelazado hasta que se cu-
bra la parte deseada.

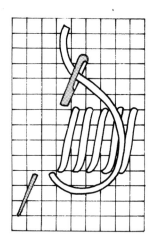

Figura 165

Figura 165 A

Cojín cuadrado realizado en cañamazo neutro de dos hilos con lana de bordar Anchor y aguja Milward n.º 18. Puntos: medio punto de cruz

Mantel individual realizado en tejido de Asís con algodón Muliné Anchor y aguja Milward n.º 22. Punto de cruz.

Cojín cuadrado realizado en cañamazo de dos hilos con algodón Suave Anchor y aguja Milward n.º 18.
Puntos: medio punto de cruz

Motivo para cojín realizado en cañamazo neutro de dos hilos, con algodón Suave Anchor y aguja Mil-
ward n.º 18. Puntos: medio punto de cruz

Punto escocés

Este punto se realiza en sentido horizontal, formando muchos cuadros bordados con puntos largos en diagonal y, en una segunda fase, rodeándolos con hileras horizontales y verticales de medio punto. Se realizan los cuadros de puntos largos cogiendo primero un cruce de hilos de cañamazo y después dos, tres, cuatro y otra vez tres, dos y uno.

Se salta un hilo a lo ancho y se repite el cuadro. En la hilera inferior se siguen confeccionando cuadros saltando un hilo horizontal de la trama (fig. 166). Una vez terminado todo el fondo cuadrado hay que proceder a bordar los espacios que permanecen vacíos en sentido horizontal y vertical con medio punto (también se puede utilizar distinto color) (fig. 166 A).

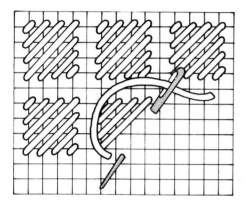

Figura 166

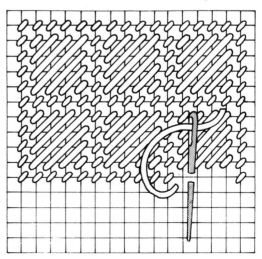

Figura 166 A

Puntos de estrella: el punto de hoja

El punto de hoja se trabaja de forma horizontal de izquierda a derecha en pasadas de ida y vuelta. Para su elaboración basta seguir con mucha atención los dibujos ilustrados en las figuras 167 y 167 A. En la pasada de vuelta, se disponen las hojas bordadas entre un motivo y otro de la pasada que se ha realizado antes (fig. 167 B).

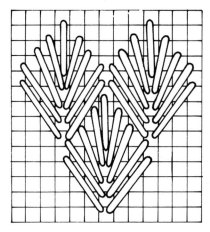

Figura 167 B

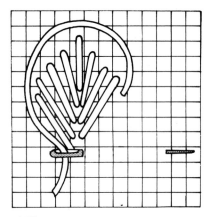

Figura 167

Figura 167 A

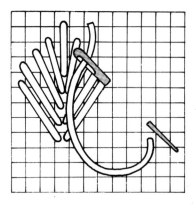

Repetir las hileras de hojas alternándolas entre sí las veces deseadas.

Punto de hoja con nervios

Este punto es un tipo de bordado compuesto por varios motivos unidos entre sí en hileras diagonales desde la parte superior izquierda hacia la parte inferior derecha. Se empiezan a bordar desde arriba ocho puntos horizontales y perpendiculares entre sí, cogiendo primero un hilo de tejido, después dos, tres, cuatro, cinco, seis, siete y ocho. Se sigue haciendo ocho puntadas verticales formando así ángulos rectos con los puntos realizados antes (fig. 168). Se completa el motivo con puntos oblicuos que cogen un cruce de hilos, representando los nervios de la hoja (fig. 168 A). Repetir la hoja las veces deseadas hasta haber cubierto por completo el espacio necesario.

146

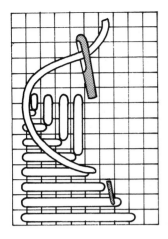

Figura 168

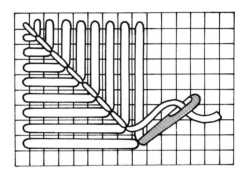

Figura 168 A

Figura 168 B

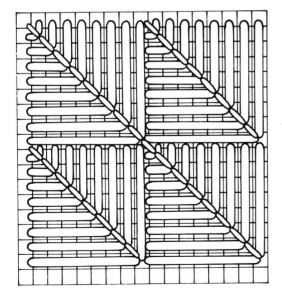

147

*Cojín realizado con algodón Muliné y aguja
Milward n.º 20. Puntos:* petit point, *nudo francés y plano*

Detalle del bordado

148

Punto de estrella cuadrado

Este punto se trabaja horizontal o verticalmente. Se empieza a bordar desde la esquina superior derecha de la estrella, clavando la aguja oblicuamente en el cañamazo, cogiendo tres cruces de hilos. Se completa la estrella formando en total 24 puntadas que saldrán del centro y que cubrirán seis hilos verticales y seis hilos horizontales de cañamazo (fig. 169). Realizar todas las estrellas y luego proceder a terminarlas, usando hilo de color distinto, perfilando con puntos largos en sentido horizontal y vertical que limitarán los lados (fig. 169 A).

Bordado realizado con lana de bordar Anchor, hilo dorado y aguja Milward n.º 18. Puntos: plano y de cruz

Figura 169

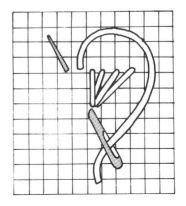

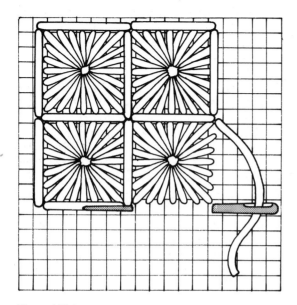

Figura 169 A

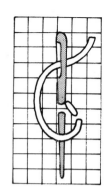

Figura 170

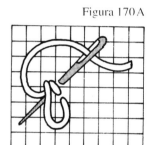

Figura 170 A

Figura 170 B

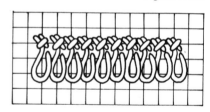

Punto de terciopelo

El punto de tapicería con más efecto de relieve es, sin duda, el punto de terciopelo. Este bordado se realiza con lana gruesa que acentúa aún más el efecto de terciopelo. Se realiza de derecha a izquierda y en hileras de abajo arriba. Para bordarlo de forma correcta hay que seguir con atención los dibujos ilustrados en las figuras 170, 170 A, 170 B y 170 C. Una vez cubierto todo el cañamazo con el punto de terciopelo, se pueden recortar los anillos del punto, obteniendo así un efecto aún más aterciopelado.

Figura 170 C

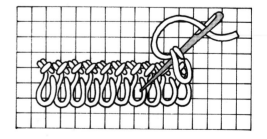

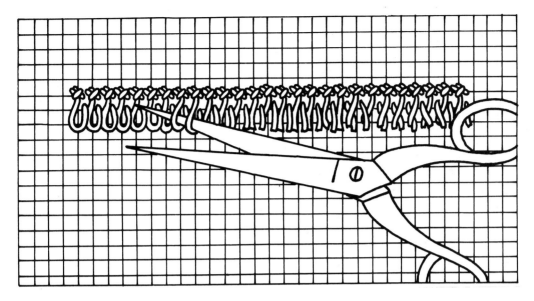

Figura 170 D

Consejos y ejemplos útiles de realización

Son diversos los consejos prácticos que pueden ayudar a trabajar de una forma más adecuada.

Preparación del cañamazo

Una vez elegido el cañamazo adecuado para el tipo de punto que se quiera realizar, hay que recortarlo a la medida deseada dejando 5 cm más de tejido por cada lado, para que el perímetro de su dibujo no quede demasiado cerca del borde del cañamazo. Una vez recortado el cañamazo, se debe dibujar con un lápiz todo el perímetro del dibujo con un trazo intermitente, así como las líneas divisorias horizontales y verticales del cañamazo (fig. 171). Marcando los cuatro lados con trazos intermitentes, o con un em-

bastado (fig. 171 A), se cubren los cuatro bordes del tejido con cinta adhesiva de tela para que no se deshilache durante la realización del bordado (fig. 171 B).

Cómo pasar el dibujo al cañamazo

La técnica utilizada para dibujar cualquier motivo en el cañamazo es bastante sencilla. Una vez elegido el motivo, o después de haberlo creado en un papel cuadriculado, se pone el folio con el trazo de colores del motivo dirigido hacia arriba sobre un cristal, fijándolo con algunos trozos de cinta adhesiva. Se pone el cañamazo encima del dibujo, prestando atención a que las líneas coincidan entre sí y se fija el cañamazo en el cristal con trozos de cinta adhesiva (fig. 172).

Se apoya el cristal en dos planos de la misma altura, dejando libre toda la

cañamazo

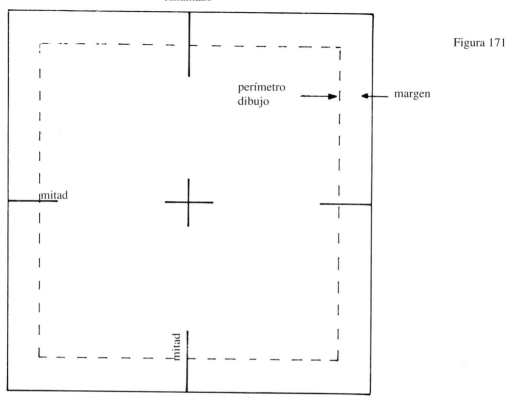

Figura 171

perímetro
dibujo

margen

mitad

mitad

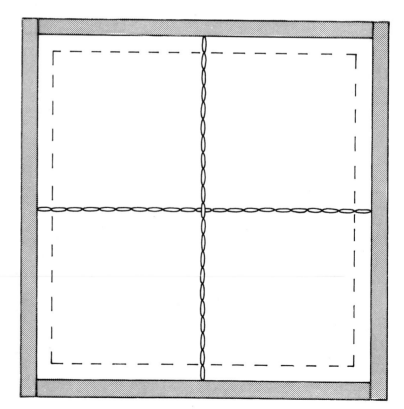

Figura 171 A

152

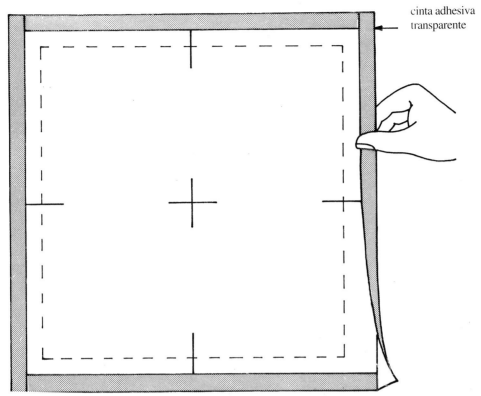

cinta adhesiva transparente

Figura 171 B

Figura 172

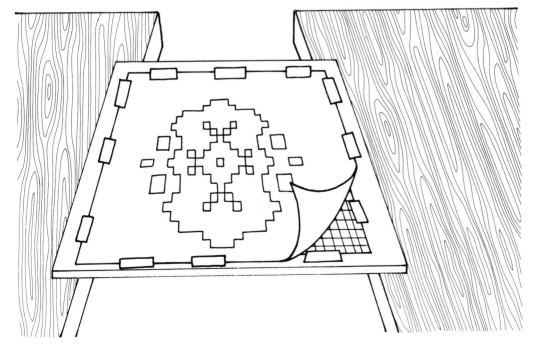

153

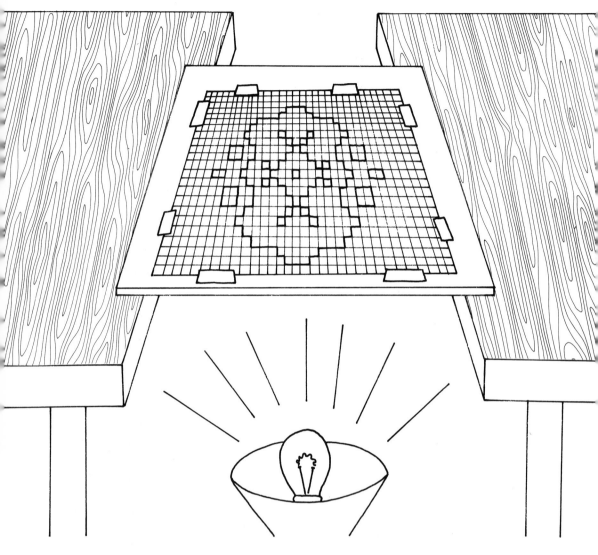

Figura 172 A

parte central y colocando debajo del cristal una fuente de luz (fig. 172 A). Gracias al juego de contraluz se puede ver con claridad el motivo dibujado a través del cañamazo y proceder a hacer los contornos (con un pincel y tinta china, con un lápiz o con un rotulador de punta fina) (fig. 172 B).

154

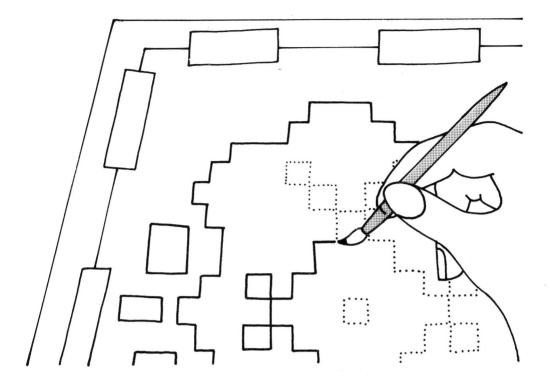

Figura 172 B

Cómo bordar un motivo dibujado en papel

No siempre el punto de tapiz permite hacer un trazado de colores en el cañamazo. En estos casos, se debe disponer de una hoja cuadriculada y lapices de colores. Cada cuadro del motivo preparado de esta forma corresponderá a un cuadro del cañamazo. Para realizar el bordado sin equivocarse basta con comparar de vez en cuando cada punto que hay que trabajar con el cuadro y color correspondientes del dibujo en papel. En este caso, se empieza a bordar el cañamazo por el centro, que antes se ha localizado trazando o embastando las líneas medianeras. El fondo será lo último que se bordará. Para realizar los puntos de fantasía será útil usar un gráfico especial donde se habrán dibujado, en papel cuadriculado, los puntos elegidos en las zonas del cañamazo establecidas, como si se estuviera bordando con los lápices de colores. Por el contrario, el punto llama se realiza usando esquemas realizados trazando todas las hileras de puntos en vertical, siempre en papel cuadriculado, y coloreando cada hilera de puntos verticales, o llenando cada punto con diversos símbolos que representarán los distintos colores.

Cómo unir varias partes de cañamazo

Sucede a menudo que el tamaño de un motivo a bordar es de dimensiones su-

155

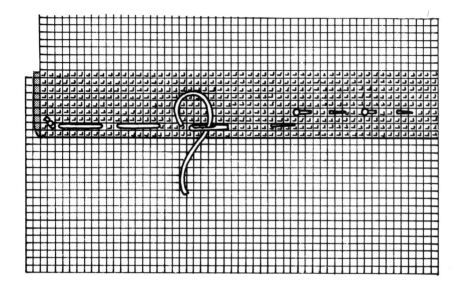

Figura 173

Figura 173 A

periores a las del cañamazo. Esto acostumbra a ocurrir cuando la pieza que hay que realizar es muy grande. La solución es muy sencilla, basta con dibujar todo el gráfico en color, en un papel cuadriculado y dividirlo en cuatro o más partes, según las necesidades. Se recorta el cañamazo en partes equivalentes a las del papel, dejando 5 cm de tejido alrededor de cada trozo. Se cubren los márgenes vivos con cinta adhesiva de tela y se procede a bordar cada parte cortada del cañamazo. Una vez terminado el bordado, y tras haberlo estirado un poco por el revés del trabajo, se superponen los lados de cada parte de cañamazo montando la cara superior de un cañamazo sobre la cara del revés de la otra parte de cañamazo. Se pliega el cañamazo como si se preparara un dobladillo, uniendo las dos partes del derecho. Se unen ambas partes sujetándolas con algunos

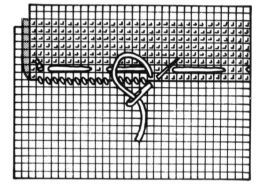

alfileres. La segunda fase consiste en embastar con puntos regulares los dos bordes del cañamazo (fig. 173). Luego se fijan con puntadas pequeñas y compactas cada trozo de cañamazo, tirando bien de cada hebra para que adquiera la consistencia necesaria (fig. 173 A). Se quitan los alfileres y las bastas y se realizan los puntos de tapicería necesarios para cubrir los puntos anteriores, bordando en una sola capa de cañamazo. Hay que recordar que la unión de las distintas partes del cañamazo también puede hacerse antes de bordarlo con lo que se facilita la operación.

Cómo «trazar» un cañamazo

Tal como hemos apuntado antes, los cañamazos pueden ser «dibujados» o «trazados», es decir, embastados. Estos puntos de embastado se realizarán con los colores elegidos para el motivo que hay que bordar y darán mayor relieve a los puntos de tapicería que se bordarán encima. El embastado se realiza en dirección vertical respecto a la base y a la parte superior del cañamazo, con movimientos de izquierda a derecha. Cada punto de la basta no deberá ser excesivamente largo. Por esta razón, en una zona de cañamazo grande se deben realizar un número mayor de bastas. En un cañamazo de doble hilo, se insertará la aguja en un cruce entre dos hilos horizontales cogiendo dos o tres grupos dispuestos sobre la vertical y formando así un punto de basta, trabajando hacia la parte baja del cañamazo, de izquierda a derecha, teniendo en cuenta la disposición de colores. En el cañamazo simple, es decir, el de un solo hilo, la basta se realizará en la misma dirección, pero insertando la aguja en los cuadros formados por la trama del tejido.

Cómo montar el cañamazo en el bastidor

Existen varios tipos de bastidores que pueden ser utilizados para el bordado de tapicería: bastidores de lados rectos (ajustables o no) y redondos.

Para hacer labores en un cañamazo ligero se puede usar el redondo, también utilizado para bordar telas de lino, montándolo tal como se ha explicado en el capítulo dedicado al montaje de la tela.

Los bastidores cuadrados están compuestos por unos rodillos laterales y dos listones, superior e inferior. Los listones llevan adherido un trozo de tejido que suele ser muy sólido al que se ha de coser el cañamazo con puntadas de hilo de cuerda fino. En caso de que el bastidor no posea estos trozos de tela, se cortan dos tiras de tela de la longitud de los listones y fijándolas con grapas metálicas o cosiéndolas con hilo y aguja, se les dan varias vueltas alrededor del listón.

Tras haber fijado el cañamazo en el listón superior e inferior, se colocan ambos listones en los dos brazos laterales fijándolos con las palomillas. Para montar correctamente el cañamazo en el bastidor hay que seguir varios pasos. Conviene centrar el margen superior del cañamazo en el listón superior y coserlo uniéndolo a la tela de forma sólida, con puntadas que rodearán todo el listón (fig. 174). Se repite la misma operación para fijar la base del cañamazo en el listón inferior.

Una vez terminada la operación de cosido, se introducen los listones en los dos brazos laterales, fijando cada listón con los cierres correspondientes (fig. 174 A). Tensado el cañamazo en vertical, habrá que proceder a tensarlo en horizontal. Para ello habrá que darle unas puntadas que rodearán los brazos laterales y se introducirán en los

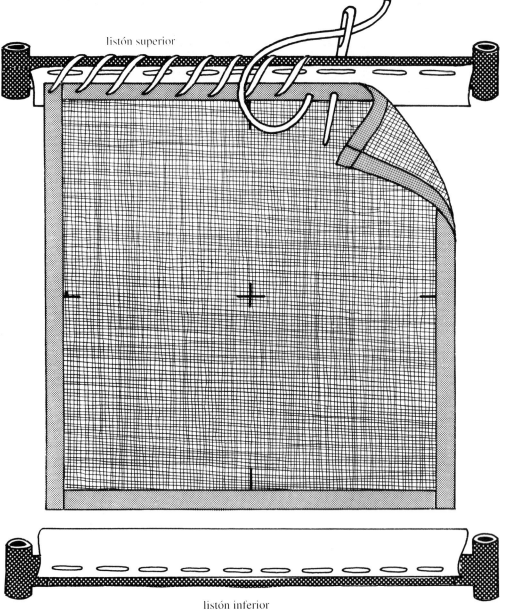

Figura 174

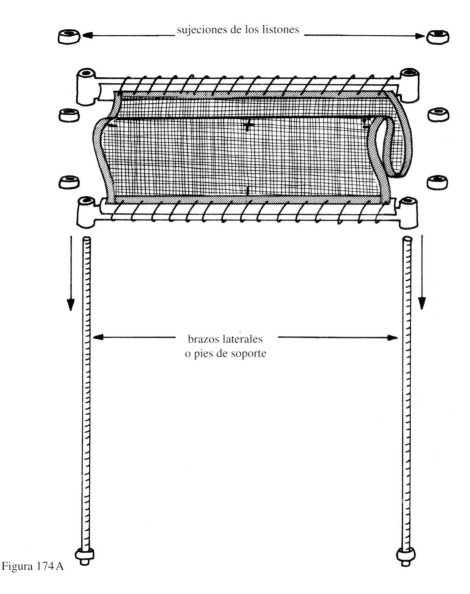

sujeciones de los listones

brazos laterales
o pies de soporte

Figura 174 A

márgenes laterales del tejido (fig. 174B). En caso de que no se disponga de bastidor, sino que se tenga que trabajar con el cañamazo en las manos, es aconsejable enrollar el cañamazo empezando por la parte inferior y terminando por la parte superior que hay que bordar. Después, hay que hacer correr el rollo de cañamazo sobre un hilo resistente.

Al continuar el bordado hacia la parte baja del cañamazo, se habrá de de-

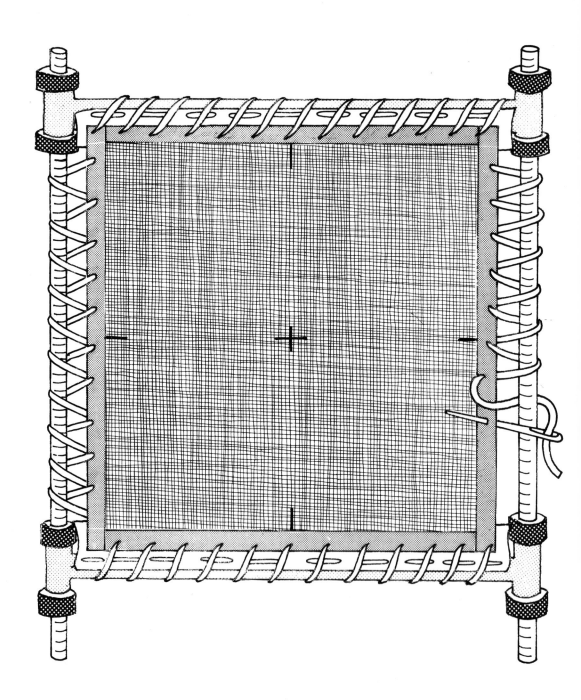

Figura 174 B

Funda de agenda telefónica realizada con lana de bordar Anchor y aguja Milward n.° 18. Puntos: llama con picos aplanados

Detalle del bordado

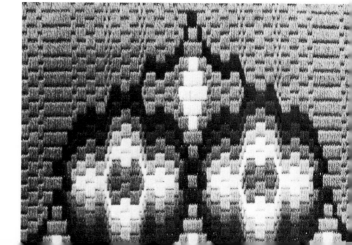

Cojín realizado con algodón Muliné Anchor y aguja Milward n.º 20. Puntos: medio punto y plano

Detalle del bordado

Cojín realizado con lana de bordar Anchor y
aguja Milward n.º 20. Puntos: plano, pespunte,
plano en diagonal y largo alternado

Detalle del bordado

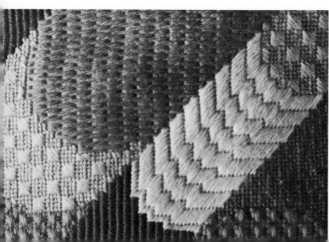

*Cojín realizado con lana de bordar Anchor y
aguja Milward n.º 18. Puntos: largo alternado,
dama,* petit point, *plano, cruz y plano escalonado*

Detalle del bordado

senrollar de vez en cuando el cañamazo inferior y enrollar la parte superior del mismo.

Algunas precauciones para bordar correctamente

La primera regla es la de utilizar agujas especiales para tapiz con agujero alargado y punta redondeada de forma que corran con facilidad entre los cuadros de la trama. Cada hebra de hilo deberá tener una longitud máxima de 50 cm. De esta forma, el hilo no tiene tiempo de deshilacharse o estropearse. Hay que hacer los puntos de bordado con la misma tensión para tener un trabajo regular y homogéneo. Se empieza a bordar formando un punto largo horizontal hacia atrás y se hacen encima dos o tres puntos de bordado; cuando se acaba la hebra, se pasa el hilo al revés del trabajo haciéndolo llegar entre los dos o tres últimos puntos realizados. Para calcular cuánto hilo se necesitará para cubrir el cañamazo, se calcula el hilo necesario para una zona de 2,5×2,5 cm y se multiplica por los centímetros de superficie totales.

Cómo hacer los acabados del cañamazo

Cuando el bordado esté terminado y haya sido desmontado del bastidor, se observa que, a pesar de haber trabajado con precisión y con una tensión del hilo correcta, los perfiles del dibujo que al principio eran muy precisos, ahora se han deformado. Para remediarlo, lo primero que hay que hacer es tensar con las manos el cañamazo en dirección opuesta a la distorsión (fig. 175). La segunda operación es fijar, con algunos puntos y sobre un trozo de madera contrapeada una hoja de papel secante donde antes se habrán dibujado, con un lápiz, los perfiles exactos del motivo bordado (fig. 175 A). Una vez fijado el papel secante, se coloca el tapiz cara abajo, vigilando que los lados correspondan (fig. 175 B) y se pasa a fijar antes con dos clavos pequeños (tipo puntas) los lados superior e inferior y después los lados laterales con otros dos clavos. Con una esponja húmeda, se humedece un poco la superficie del cañamazo (fig. 175 C) y, tirando ligeramente de él, se hacen coincidir exactamente los lados deformados con los que se han trazado en el papel secante, fijándolos de forma provisional con algunos clavos que se colocarán a distancia constante, empezando por el centro y dirigiéndose hacia las esquinas (fig. 175 D). Con un metro, se comprueba luego que las medidas del cañamazo humedecido y fijado sean iguales a las de la forma original. Si es así, se empiezan a clavar más los clavos que antes se han colocado de forma provisional (fig. 175 E). Dejar secar el trabajo tensado y lejos de cualquier fuente de calor.

En el caso que la primera fijación no hubiera sido suficiente para recuperar la forma correcta del tapiz, se deberá repetir la operación de la misma forma y con una ligera solución de almidón o con la cola apropiada que venden en las tiendas especializadas.

Figura 175

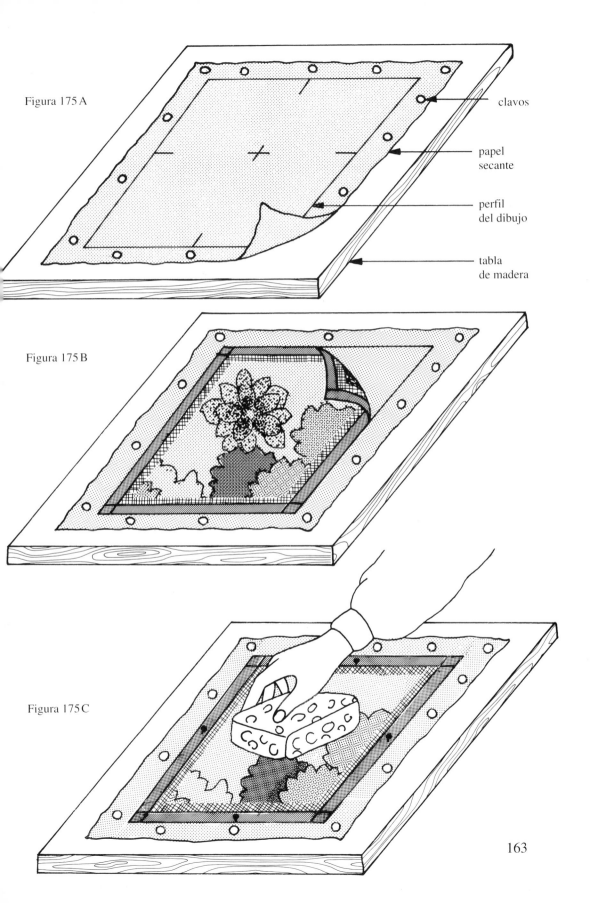

Figura 175 A

clavos

papel
secante

perfil
del dibujo

tabla
de madera

Figura 175 B

Figura 175 C

163

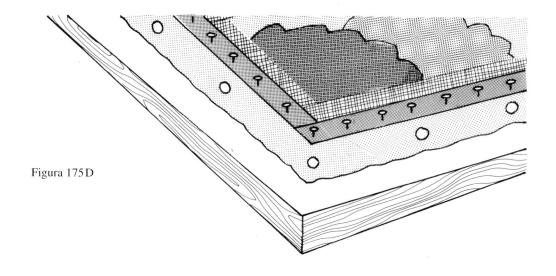

Figura 175 D

Figura 175 E

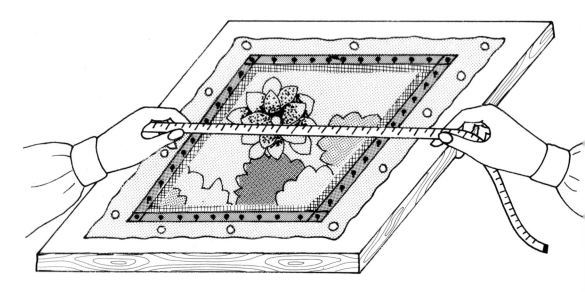

Curiosidades

Cómo bordar
en una prenda de punto

El arte del bordado aún tiene sorpresas
escondidas. Con las dos técnicas que
vamos a explicar también se pueden realizar motivos decorativos de bordado
en prendas de punto.

Punto de media

La primera forma de poder realizar este
tipo de bordado es el punto de media,
que se representará en un papel cuadriculado como en los esquemas del punto de cruz (fig. 176). La única diferencia es que esta vez cada cuadro
corresponde a un punto de media. Se
realiza de izquierda a derecha en la pasada de ida y de derecha a izquierda en
la pasada de vuelta. Se saca la aguja
por el centro de un punto de media y se
inserta la aguja en sentido horizontal y
de derecha a izquierda, cogiendo los
dos hilos del mismo punto de media en
el que antes se había sacado la aguja
(fig. 176A). Se clava la aguja, en sentido horizontal y de izquierda a derecha,

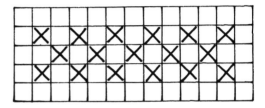

Figura 176

Figura 176 A

165

en el centro del mismo punto de media pasando la aguja bajo dos o más hilos, según el dibujo que quiera bordar, saliendo en el centro del punto de media paralelo al anterior (fig. 176 B). Se continúa de la misma forma hasta terminar toda la hilera de puntos de la pasada de ida. En la pasada de vuelta, conviene trabajar de derecha a izquierda y de la forma descrita (fig. 176 C) hasta completar toda la pasada. Repetir todas las hileras necesarias hasta formar el motivo deseado (fig. 176 D).

Figura 176 B

Figura 176 C

Figura 176 D

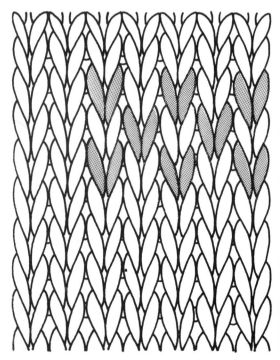

Bordado sobre un retal viejo

La segunda técnica de bordado es la del bordado sobre un retal viejo. Se dibuja en el retal el motivo que se desea y luego se fija con alfileres sobre la prenda que se quiera bordar, centrándolo correctamente (fig. 177). Coger cualquier trozo de tejido y hacerle un corte en cruz en el centro, colocándolo sobre la prenda de ropa, dejando el motivo central descubierto. Se pliegan las orillas de la tela hacia fuera, fijándolas con alfileres (fig. 177 A). Cuando la prenda de punto está preparada de esta forma, se monta en el bastidor y se empieza a bordar con punto plano, punto lanzado, punto raso, o punto lleno, etc. (fig. 177 B). Una vez terminado el bordado, se levanta la tela cortada y se deshilacha con los dedos o con una pinza de las cejas, primero los hilos de trama y luego los de urdimbre del retal viejo (fig. 177 C).

El método más rápido y práctico es el de bordar, en lugar de sobre un retal viejo, en un papel que se arrancará y romperá una vez terminado el bordado (fig. 177 B). Conviene usar papel en caso de que se quieran hacer puntos de bordado pequeños como el punto de tallo, el punto margarita o el nudo francés para que al eliminar el papel sea más fácil.

Figura 177

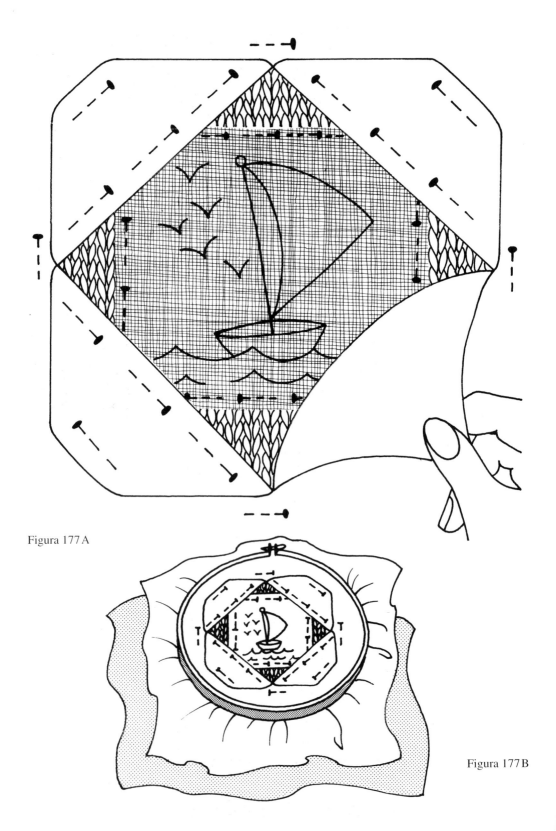

Figura 177 A

Figura 177 B

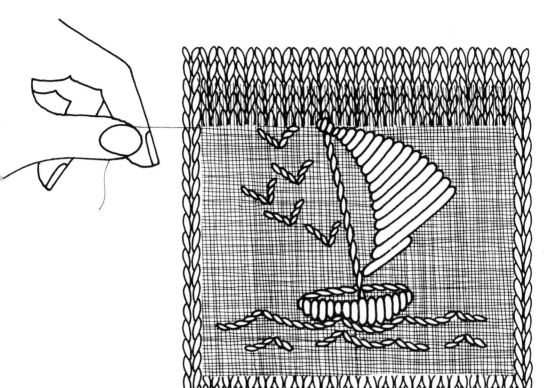

Figura 177 C

Figura 177 D

169

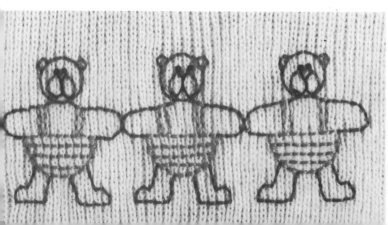

Vestido de bebé bordado con el sistema de «retal viejo». El bordado se ha realizado con algodón Muliné y aguja Milward de lana con punta. Puntos: pespunte

Detalle del bordado

Bordado con lentejuelas y abalorios

Otro tipo de bordado muy usado para decorar prendas de ropa femeninas es el que introduce lentejuelas y abalorios. Las lentejuelas suelen ser doradas, plateadas y con forma plana; los abalorios acostumbran a tener forma cilíndrica y son de plástico o madera. Para este tipo de bordados basta con dibujar el motivo elegido en el tejido que hay que bordar y coser las lentejuelas o los abalorios de la forma y dimensiones elegidas.

Existen dos puntos específicos para coser las lentejuelas y abalorios, uno es el punto de hilván, tal como se ha descrito en el capítulo dedicado a los puntos lineales. La única diferencia es que el abalorio correrá en el hilo y se encontrará en el centro de cada puntada (fig. 178). En cambio, para las lentejuelas, los puntos de hilván serán más densos y cortos (fig. 178 A).

El segundo punto usado para sujetar estos adornos es el punto atrás, realizado de derecha a izquierda, tal como se ilustra en el dibujo de la figura 178 B. Este último punto es más sólido que el punto de hilván simple, por lo tanto, se aconseja este punto para hacer bordados que se realicen en prendas de ropa que se laven con frecuencia, como vestidos, chaquetillas, etc.

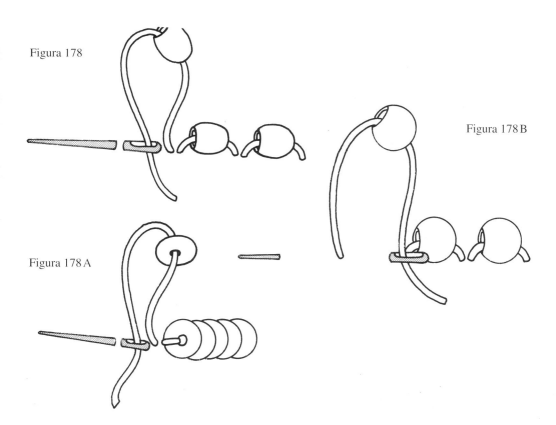

Figura 178

Figura 178 B

Figura 178 A

Aplicación bordada realizada con algodón Muliné y aguja Milward n.ª 6. Puntos: dobladillo, tallo y plano

Aplicaciones bordadas

Este es un tipo de bordado muy curioso y simpático. Consiste en unir al tejido de base y con distintos puntos de unión, formas de varios motivos procedentes de recortes de telas de distintos colores y calidades.

Este tipo de bordado es muy adecuado para realizar colchas de cama para niños, cojines, cuadros, etc. Se realiza siguiendo paso a paso la secuencia descrita e ilustrada a continuación.

Lo primero que hay que hacer es elegir el motivo dibujado; en el caso ilustrado se ha elegido una gallina (fig. 179). Se recorta todo el perfil del dibujo y se coloca sobre el tejido de base, en la posición establecida, perfilando el contorno con un lápiz de sastre (fig. 179 A).

El segundo paso es dibujar en un cartón el perfil de toda la figura y cada una de las partes que se quieran hacer de otro color y con otra textura (fig. 179 B), recortando sucesivamente todo el entorno. Se colocan las formas de cartón sobre las distintas telas y se repasa el perfil con un lápiz de sastre. Se separa el cartón y con un trazo discontinuo se realiza un segundo contorno exterior, separado del interior unos siete u ocho milímetros (fig. 179 C). Luego se recortan, siguiendo el trazo discontinuo, las distintas formas dibujadas. Hay que hacer pequeños cortes verticales

Figura 179

Figura 179 A

Figura 179 B

173

Figura 179C

Figura 179D

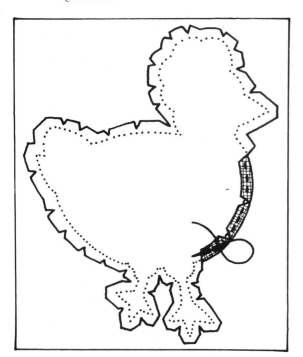

Figura 179E

en las zonas redondeadas con la punta de unas tijeras.

Se doblan hacia el revés los siete u ocho milímetros del tejido sobrante, sujetándolo con bastas pequeñas y densas (fig. 179 D). Se coloca esta forma de tejido en la tela de base de forma que el perfil de la figura encaje con los que antes han sido marcados con lápiz sobre la tela base. Se fija la figura con alfileres (fig. 179 E).

Se fija definitivamente la forma con un pespunte quitando los alfileres a medida que se va cosiendo (fig. 179 F).

Una vez terminado el pespunte, se señala con un lápiz dónde se colocarán las demás partes, en este caso serán: el pico, el ojo, la cresta, las alas, las patas

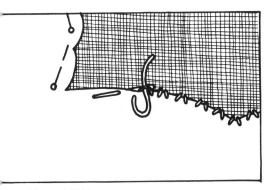

Figura 179 F

Figura 179 H

Figura 179 G

Figura 180

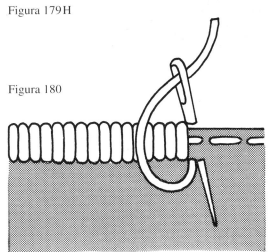

Figura 180 A

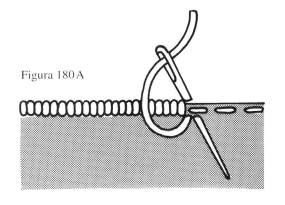

y las plumas del cuello (fig. 179 G). Se
procede a unir las piezas, con un pespunte, en la posición que antes se haya
marcado. Delimitar el plumaje del cuello con el punto de tallo (fig. 179 H).

175

Tal como hemos apuntado antes, también se pueden unir las aplicaciones al tejido con otros puntos de bordado como el punto plano (fig. 180) y el punto cordoncillo (fig. 180 A). Al contrario de lo que ocurre con el pespunte, antes de hacer estos puntos se embastará la tela con punto de hilván.

Bordado acolchado

Uno de los bordados más adecuados para la realización de edredones y colchas es el bordado acolchado. El bordado se hace del mismo color que el tejido y da espléndidos relieves a los motivos bordados.

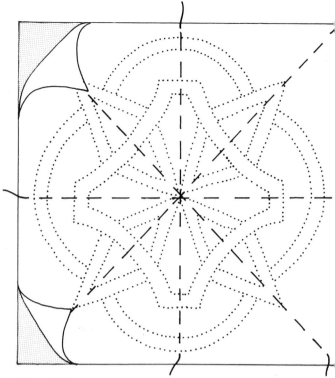

Figura 181

Lo primero que hay que hacer es realizar o elegir un dibujo con doble contorno con un espesor que dependerá del hilo utilizado para acolcharlo más adelante. Se pasa el dibujo a la tela tal como se ha explicado en el capítulo de las técnicas de transferencia al tejido. Se embasta el dibujo con puntadas largas en una tela de consistencia ligera y transparente que se colocará por debajo siguiendo las líneas centrales y las diagonales del dibujo (fig. 181).

Figura 181 A

Una vez terminado el embastado, se bordan todos los contornos dobles del dibujo con punto atrás por la parte derecha del trabajo, cogiendo al mismo tiempo la tela que está debajo (fig. 181 A). Termina-

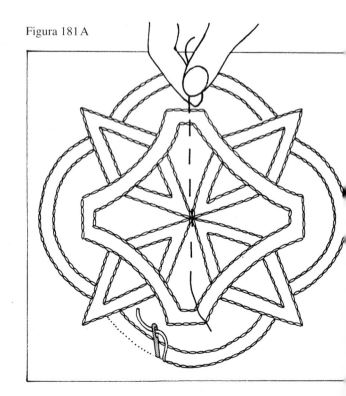

176

dos de bordar los contornos, se
deshila el embastado realizado
para marcar las líneas centrales. Luego se gira el trabajo
por el revés, y con una aguja
de punta redonda, se introduce
el hilo de relleno entre los dos
tejidos y las dos filas de punto
atrás que delimitan los contornos del dibujo (fig. 181B). Se
remata el hilo al principio y al
final de la hebra con varios
puntos.

Una vez terminado todo el
relleno, se hacen los acabados
de la pieza bordada forrando,
con un fino pespunte, el revés
del trabajo con raso o tela de
lino del mismo color que la
usada en la parte derecha del
trabajo (fig. 181C). Para que
este trabajo quede más realza-
do es conveniente realizarlo
sobre tela de seda.

Figura 181 B

Figura 181 C

177

Sugerencias

Cómo confeccionar un ojal

Tras haber dibujado el ojal con el lápiz de sastre, de la medida exacta y en el lugar adecuado, se corta con unas tijeras muy puntiagudas y afiladas (fig. 182). Luego se perfila el corte en la tela con puntos oblicuos cogiendo tres o cuatro hilos de tejido a lo alto y de izquierda a derecha en el sentido de las agujas del reloj (figs. 182 A y 182 B). Posteriormente se cubren los puntos oblicuos con un punto de ojal muy prieto e hilo de seda, de izquierda a derecha y en el sentido contrario a las agujas del reloj.

Hay que introducir la aguja en el tejido de arriba abajo y verticalmente (fig. 182 C). Se saca la aguja al cabo de tres o cuatro hilos de tejido, haciendo pasar siempre la aguja de arriba abajo por el punto que acaba de formar. Se prosigue de esta forma hasta alcanzar el lado derecho del ojal, bordando este último con tres o cuatro puntos largos (fig. 182 D) y después cubriéndolo con punto de ojal (fig. 182 E).

Se trabaja con punto de ojal prieto hasta haber perfilado todo el borde del ojal. Cuando se acabe la hebra, se remata en el revés del trabajo pasándola por debajo de los puntos de ojal.

Figura 182

Figura 182 A

Figura 182 B

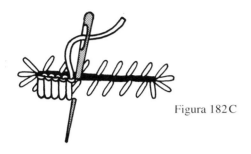

Figura 182 C

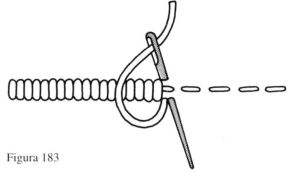

Figura 183

Figura 182 D

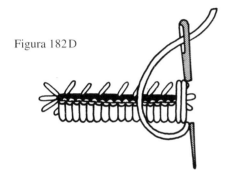

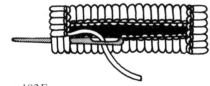

Figura 182 E

Punto de París

Se realiza de derecha a izquierda. Se introduce la aguja horizontalmente en el tejido, de derecha a izquierda, cogiendo tres o cuatro hilos de tejido (fig. 184). Se clava la aguja en el punto de entrada anterior, formando de este modo el punto horizontal, y ahora se sale oblicuamente al cabo de tres o cuatro hilos cogiendo también el encaje que hay que unir (fig. 184 A).

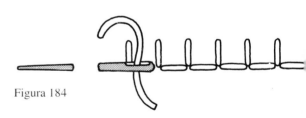

Figura 184

Cómo unir encajes al tejido

Figura 184 A

Existen varios tipos de puntos de bordado para unir encajes de aguja o ganchillo al tejido: el punto cordoncillo, el punto de París y el punto turco. Ya hemos explicado cómo se realiza el punto cordoncillo: primero se embastan entre sí el tejido y los encajes, cogiendo ambas partes en cada punto de cordoncillo (fig. 183).

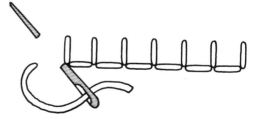

179

Realizar de nuevo el punto atrás horizontal y el punto oblicuo cogiendo a la vez el encaje, continuando de esta forma hasta terminar la labor.

Punto turco

Se borda de derecha a izquierda. Con un punto atrás, se forma un punto horizontal en el tejido cogiendo dos o tres hilos (fig. 185). Luego se elabora hacia arriba, formando un punto oblicuo hacia la derecha y saltando dos o tres hilos a lo alto. Con otro punto atrás, se forma el punto horizontal, cogiendo los dos o tres hilos y también el encaje que estará debajo (figs. 185 A y 185 B). Se vuelve a formar el punto oblicuo hacia la derecha introduciendo la aguja horizontalmente de derecha a izquierda y bajando dos o tres hilos (fig. 185 C). Realizar los movimientos descritos hasta terminar la unión (fig. 185 D).

Figura 185

Figura 185 A

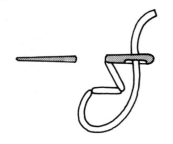

Figura 185 B

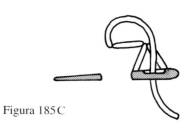

Figura 185 C

Figura 185 D

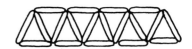

Cómo unir varias partes de tejido formando un motivo decorativo: puntos de entredós

Los puntos descritos e ilustrados a continuación, servirán para unir varias partes de tejido dando, gracias a su aspecto, un bonito efecto decorativo. Lo primero que hay que hacer es formar un doblillo de unos 0,5 cm en ambos lados de la tela que hay que juntar. Después, conviene embastar los dos lados del tejido en un trozo de fliselina a una distancia entre sí de 0,5 cm, para que durante los movimientos del bordado, ambos doblillos se mantengan siempre a la misma distancia.